産経NF文庫
ノンフィクション

# 戦国武将の選択

本郷和人



潮書房光人新社

# 文庫版のまえがき

ぼくの敬愛する先輩、山田邦明さんが、二〇二〇年八月に『上杉謙信』という本を上梓されました。歴史の本屋さんとして知られる吉川弘文館の「人物叢書」の一冊です。早速読みましたが、実に良い本でした。越後の戦国大名、謙信の等身大の姿が、信頼できる史料からきっちりと復元されています。ぜひぜひご一読を。

ただし、ぼくはこの本が素晴らしいことだけを伝えたいのではありません。戦国大名の姿を研究ベースで、良質な史料だけを選択して描写するとこうなる、というのを実感してほしいのです。そこにはドラマチックな要素はありません。敵に塩を送ったエピソードは書いてない。戦国研究の大家である藤木久志先生が主張された「謙信は越後の飢えに対処するため、略奪を旨として毎年のように上野へ関東へと出兵した」

説も取り上げられていない。謙信は人身売買をしていた、というビックリ説も見当たらない。女性だったなんて、論外。そもそも、彼が「義の武将であった」ことにすら、言及がないのです。

著者が石橋を叩いて渡る式の、おもしろみのない研究者であるなら、こういうこともあるのかなと納得する。けれど、同じ釜の飯を食べていた後輩であるぼくは、山田さんがまことに優れたストーリーテラーであることを知っています。「人物叢書」の求めは、確実な史料を基に人物を叙述するというもの。山田さんはその要求に忠実に、本書を書いたのです。

ということから、何が分かるか。そう、本当に確実な史料だけに依拠して語ると、歴史はこうならざるを得ない、ということです。武田信玄しかり、毛利元就しかり。「川中島の一騎打ち」「毛利三本の矢」なんて故事は、歴史学にはありません。

さてそこで再考してみましょう。歴史に親しみたいと思われる方たちは、どんなものを欲しているのでしょうか。皆さんは歴史研究者ではありませんから、べつに論文が読みたいわけではありませんよね。がちがちの考察や実証作業を読んでも、多くの人は面白さを覚えないんじゃないか。物語性が皆無である歴史は、読者を得られないんじゃないでしょうか。

実証と物語の関係やいかに、という問題は、実は明治初年からありました。歴史は実証可能な、すなわち確実に裏取りができることだけで構築すべきだ、と重野安繹という学者が主張しました。これに対し川田剛は、たとえば『太平記』は軍記物語であって裏取りが完璧にはできないが、そこに書かれた「児島高徳が後醍醐天皇を慰めた話」や「桜井の駅の別れ」が捨て去られるなら、日本人の精神が死んでしまう、と反対しました。論争は重野が勝利。彼は物語にしか出てこない人物を歴史学から排除したため「抹殺博士」とあだ名されながらも、東京帝国大学の教授、人文系学問で初めての博士になりました。

大正年間に入ると、天皇を中心に歴史を叙述する皇国史観が盛んになりました。この歴史観は日本神話を史実としたため、当然、物語を容認します。けれども、太平洋戦争の敗戦により、実証史学が再び盛んになり、物語は小説やテレビドラマの世界に活躍の場を移すことになったのです。

ぼくは実証を専門的に行う史料編纂所に勤務しています。それだけに、確固たる史料だけに依拠すると、歴史学がどんなに社会から遠ざかるかを身を以て経験しています。もちろん「象牙の塔」に篭もってしまえば、なにも余計なことを考える必要などありません。でも、社会との連関を失ってしまうと、学問は魅力を失ってしまうような気がしてなりません。

ですから、ぼくは、確実な史料を第一にしながらも、あえて「面白さ」を歴史に求めようと思うのです。本書はそうした思いのもとにまとめたものです。今から見ると、随分と不具合があることに気付きます。でも、史料編纂の仕事と物語の構築のあいだで揺れ動いていた自分の悩みも見て取れて、否定しようのない愛着を感じます。

このたび、本書は文庫化されました。より読みやすくなったはずですので、手にとっていただければ幸いです。そして楽しんでいただけたなら、これにまさる喜びはありません。

令和三年二月

本郷和人

# まえがき　史料とのつきあいはバランスが大事

一

赤塚不二夫先生の作だったように記憶しているのですが（まちがっていたらごめんなさい〈まちがいでした。藤子・Ｆ・不二雄先生でした。令和三年二月〉）、わたしたちとは似て非なる社会を舞台とするＳＦ小品がありました。そこでは「排泄」は人目をはばかる行為、ではありません。みんなまったく恥ずかしがらずにズボンやスカートを下ろし、公共の場で堂々と用を足します。大便も小便も垂れ流したまま。その一方で、「食事」は秘すべき、恥ずかしい振る舞いです。ものを食べているところは、家族にも見せない。人目をはばかり、閉ざされた空間で、そそくさとご飯を食べるのです。

ここではとくに「恥ずかしい」感覚を取り上げているわけですが、ことはそれだけでは終わらない。わたしたちがもつ「あたりまえ」の感覚や観念は、本当に「あたりまえ」なのだろうか。それは異なる社会に行ってみれば、ちっとも「あたりまえ」じゃないかもしれないよ。赤塚先生はそう言いたかったわけでしょう。そしてこの指摘は、現代社会と時間をさかのぼった社会を比較したときに、つまり歴史的にも有効なのです。

インターネットの『e国宝』というページに画像があるのでぜひ見ていただきたいのですが、東京国立博物館が所蔵する『東北院職人歌合絵巻』（成立は十四世紀、重要文化財）に「ばくち打ち」のまことに情けない姿が描かれています。彼はどうやらとことんついていなかったらしく、大負けし（四一半と呼ばれたサイコロばくちでしょうか）、身ぐるみを剥がされた。衣服はもちろん、下帯まで取られてしまって、大事な玉は丸出し。ところがその彼、なんと烏帽子だけはかぶっているのです。

これはいったいどういうことかと言うと、当時の成人男性にとっては、烏帽子をとって髻（もとどり。頭髪を束ねた「まげ」）を見られる事態は、耐えがたい屈辱だった。性器を見られるより（少なくとも、同じくらい）恥ずかしかったのだ、ということです。その証拠に他の絵巻物を見てみると、彼らは寝ているときも、あるいは女性と交わっているときも、烏帽子をつけたままなのが分かります。

そうすると、あらためて見直したくなるのが、有名な織田信長《のぶなが》の肖像画（豊田市の長興寺蔵）。いうまでもなくこの信長は烏帽子や冠をつけていないのですが、こうして頭頂部をさらしている成人男性が描かれるのは、どうやら信長が初めてらしい。こうした点でも、彼は「変革者」なのではないかなあ。まあ、それはともかく。

織田信長の肖像画（長興寺蔵、写真協力豊田市郷土資料館）

なぜ古代・中世人は、髻を見られるのを恥じたのか。頭頂部をさらすのをいやがったのか。ぼくには合理的な意味づけが思いつきません。先の赤塚作品に関していえば、排泄物はくさいのでイヤがられるのでしょう、人が排泄行為を隠すのは当然です、と説明できます。これに対して髷の方は、当時の人々の意識がそうだったのだから仕方がない、そこには格別の理由はないんじゃないか、としか言えないのです。

同じようなことは「肉食」にも言えます。普通は、中世の人は肉を食べなかった、と説明される。魚は食べた。鳥は食べた。ウサギは鳥のあつかい（だから〜羽と数える）で食べた。でも、生きものの殺生を忌避する仏教の影響を受けて、牛や馬、豚（猪）や鹿や犬を食べなかったと考えられている。

これに対して、いや食べたんじゃないか、と反論する人がいます。根拠は物証ではなく、理屈。耐えがたい空腹に襲われれば、人は何でも食べるに違いない。加えて日本には厳しい宗教がない。仏教は確かに影響力をもっていたけれども、豚肉を食べることを禁じたイスラム教、牛を食べてはいけないと説くヒンズーの教えのようには強力でない。おなかがすいているのに、目の前にある肉を食べないと考えることが不自然だ、というのです。

でもぼくは、この論に賛成できません。理由は骨です。色々なところから掘り出されている人骨を調べてみると、仏教が伝わる以前。古墳時代の人間はそれなりに背が高い。ところが仏教が伝わったころから日本人は小さくなり始め、江戸時代人がもっとも背が低い。それで肉食が全面的に解禁される明治になると大きくなり出す。身長の変遷は、摂取するタンパク質の量と密接な連関をもつと考えるべきだから、やはり明治以前の日本人は、ふだんは肉を食べなかったのだろう、と思うのです。では、なぜ食べなかったのか。これも髷と同じで、当時の人たちの意識がそうだったのだから仕方がない、そこには格別の理由はないんじゃないか、としか言えません。あるとするならば、やはり仏教の教えでしょう。日本の仏教は外国の宗教に比べると「ゆるい」ですけれど、殺生を嫌う仏教の考え方にならって、日本人は肉食から遠ざかっていったのではないでしょうか。

二

過去の人たちは何を考えていたのか。それを正確に知るのは、このように難しいのです。彼らは、現代のわたしたちには思いもよらないような行動に出る。それを痛感すればするほど、歴史資料のありがたみに思い至ります。過去の事件を知るためには、社会のようすを復元するためには、歴史資料という手がかりに頼るのが一番の早道だし、合理的なのです。だから歴史資料を二の次、三の次にして歴史を語ろう、などと謳う「歴史解明シリーズ」のあり方には、それがどんなに人気を博していても、ぼくは賛成できません。

とはいえ、『吾妻鏡《あづまかがみ》』が絶対だ、とか『信長公記《しんちょうこうき》』こそは他とは隔絶した信頼すべき資料だ、というような立場にもにわかには同意できない。というのは、これらの歴史書は編纂物だからです。ある機関なり、特定の人物がまとめたもの。そこにはケアレスミスが必ずある。「わざとではない」誤りですね。それから、「わざとの」誤りがあるかもしれない。

たとえば本書の第7章で見るように、鎌倉幕府の正式の史書である『吾妻鏡』は、わざと筆を曲げている。『吾妻鏡』の編纂をリードした北条氏の都合の悪いことについては、それは露骨です。またこの人については妙に評価が高いなあ、と思って読んでいると、ああ、そういう裏があったのか、と気づくことがあるのです。何人もの法曹官僚が関与した『吾妻鏡』ですらこうなのですから、太田牛一（『信長公記』の作者）という個人、しかも彼は体系的な学びの経験をもたない、を信じ切ることなどできるはずもない。『信長公記』をどう読むか、は研究が始まったばかりです。他の軍記物と比較しながら、どこまで使えるのか、慎重に確かめていかねばならないでしょう。

こうした編纂物はフィクションがまじる可能性があるから、信用できない。歴史資料としては使えない。そうした厳しい研究方法を採る学者もいます。たとえば武田研究の鴨川達夫先生。毛利研究の岸田裕之先生。彼らは編纂物は排し、古文書だけを用いて、研究を進めていきます。禁欲的ですごいな、と感心します。

けれども、そうした厳格な方法にすら問題はあるのです。たとえば第8章で見るように、戦国時代の人は「ユーモア」を生み出しています。鎌倉時代の武家は字を書くので精一杯、という知的レベルでしたから、古文書にうそはなかなか書けない。でも時間の経過とともに、武士は学び、たとえば千利休からきわどいジョークを言われても、受け止められるだけの余裕をもった。こうなると、古文書の読みも変わってくるわけですね。

一例だけ。ルイス・フロイスが伝えるところによると、武田信玄は「天台座主」を名乗り、織田信長はそれに対して「第六天魔王」を名乗ったと言います。これ、どうみても、ブラックジョークですよね。それなのに、これを真っ正直に捉えて、信玄と信長の仏教観は……なんて言い出したら、滑稽な話になるんじゃないかな。

三

一では、過去に生きる人の意識をつかまえるのはきわめて難しい。だからわたししたちは史料をちゃんと読まなくてはならない。そういいました。でも二では、史料を読むのって一筋縄ではいかない。ただ字面を追えば良いものではない、という話をしました。

なんだ、振る舞いの方向性が違うじゃないか。そうなんです。あるときはぼくたちの常識がじゃまになる。でもあるときは常識を活用して史料の読解に当たらねばならない。そうした矛盾を止揚しながら考えを進めていく。要はバランス。バランスが大事なのです。

なるべくみんなで考えよう。先人はそう教えてくれました。仏教の僧侶集団は「僧《そう》伽《ぎゃ》」(サンスクリットでサンガ)。そこで「一味和合して(みんな仲良く)」修行に励みなさい、と空海は諭しました。禅宗も独りよがりな認識への到達を「野《や》狐《こ》禅《ぜん》」として斥けました。大学が研究室を設けているのも、まさにそのためです。頭の柔らかいうちに、みんなで切磋琢磨して、史料に接するバランス感覚を養う。

ぼくはもとより浅学非才の身ですが、一つだけ誇れることがあるとすると、先生・先輩・友人・後輩、研究する仲間に恵まれたことでしょう。思いもよらない発想を教えてくれる。「とんでも」に突っ走ると、誰かが止めてくれる。ありがたい話です。研究室から職場まで、史料とのつきあいはもう三十五年を数えています。その中で体得したバランス感覚をもとに、先ずは自分自身が楽しみながら、「軽め」に叙述してみたのが本書です。気楽に目を通してみて下さい。少しでも喜んでいただければ幸甚です。

# 戦国武将の選択——目次

## 第3章 部下・光秀が「本能寺」を決めた出来事



## 第4章 「戦国最強の武将」は誰か

## 第5章　武将たちが残した人生哲学



## 第6章　執権北条氏、粛清政治の手法——戦国前夜①

## 第7章　「大義名分」がない中世武士の感覚――戦国前夜②



## 第8章　利休は強欲だから秀吉に殺されたのか

## 第9章 「利休七哲」と徳川大奥



## 第10章 武将の名から人間関係が見える

## 第11章　家康と「信康切腹」と「長篠」

# 戦国武将の選択

# 第1章　あの兵力差で信長は本当に桶狭間を戦ったか

## 「正面攻撃説」は常識はずれ

二〇一六年、大河ドラマは『真田丸《さなだまる》』。そのクライマックスでは、真田幸村《ゆきむら》（信繁《のぶしげ》）が、徳川家康《いえやす》の本陣に捨て身の猛攻を加えます。もしもそのとき、幸村が家康を討ち取ってしまったら、どうなったでしょう?

戦国時代から織田・豊臣時代、大将が戦死したら、普通その戦いは負けです。将棋と同じ。でも、大坂夏の陣に限っては、うーん……。将軍職は息子の秀忠が継いでいるし、徳川政権の制度設計は完成しつつあったし。かりに家康を失っても、幕府は動揺をかくして大坂城を攻め落とし、豊臣家の討伐という所期の目的をさっさと完遂したのではないか。そんな気もします。もしかするとよく小説にあるように、家康の影武者くらい、用意したかもしれません。

幸村の場合は武士の意地というか、武門の誉《ほま》れというか、いってみれば己のプライドをかけての振る舞いで、それで全体の勝ち負けをひっくり返そうとしたものではなかったように思います。でも、そうではなくて、敵の大将の首を狙って、一気に勝敗を決しようとした戦いもあった。その代表が、永禄三（一五六〇）年の桶狭間《おけはざま》の戦い、とされています。

駿河《するが》・遠江《とおとうみ》・三河、三カ国の太守である今川義元《いまがわよしもと》は上洛《じょうらく》（京都へ行くこと）して天下に号令することをこころざし、二万五千といわれる大軍を率いて、織田領である尾張に侵攻する。若き織田信長は二千の精鋭でもって義元の本陣を奇襲し、見事にその首級をあげた。大将を失った今川勢は、散り散りになり、国元に敗走した……。この

◆ 烏帽子のない信長像

中世の人々は、身分ある人も庶民も、大人は必ず烏帽子(えぼし)をかぶっていた。絵巻などを見ると、夏の暑苦しい夜、下帯一つで寝ているのに、それでも烏帽子はつけている。その点、信長はまたしても画期的。頭頂部を堂々と露出して、肖像画におさまっているのだ(模本、東京大学史料編纂所蔵)。

宣教師のルイス・フロイスは『日本史』において、信長を次のように描写している。「中くらいの背丈で華奢な体躯であり、髯は少なくはなはだ声は快調」。「睡眠時間は短く早朝に起床、酒は飲まずに食を節し、潔癖」。

戦いは、かつては広く、そう理解されていました。

現在の解釈は、これに比べると、相当に変化しています。まず、(一) 今川の軍事行動の目的について。義元の狙いは京都への進軍などではなく、尾張と三河の国境地帯の制圧だろう。織田家に打撃を与えて、尾張占領の足がかりを作ろう、としたのではないか。また、(二) 奇襲説の否定です。この戦いの基本資料は、太田牛一が記した『信長公記《しんちょうこうき》』ですが、それをきちんと読むならば、奇襲という解釈はまったく成り立たない。信長は正面から今川軍に戦いを挑み、そのうえで義元を討ち取っている、というのです。
(一) 上洛が目的ではない。ぼくもそれにには賛成です。かりに織田を滅ぼしたとしても、その先には信長が七年かけて攻略した、美濃は稲葉山城の斎藤氏がいる。さらには北近江の大名、浅井氏が立ちはだかり、琵琶湖の南には六角氏だっている。これらをいっぺんに降《くだ》すのは不可能だと思います。
でも、(二) たった二千の信長軍が、二万五千もの今川勢に「正面から」戦いを仕掛けた、というのは……。歴史解釈には、ときに現代的な常識が必要になることがある。たとえば皆さん、自分一人で、十人以上の敵に立ち向かえますか? 織田VS今川、比率ではそうなります。おいおい、それはないよ、と思いません? いくら史料を厳密に読んだからといって、（二）はちょっと常識はずれ、典型的な「学者ナントカ」と言われてしまう気が、ぼくは、するのです。

では、桶狭間の戦いをどう理解するか。ぼく流のナナメ読み、びっくり（ただのキテレツ?）解釈は、次項で開陳いたします。

## 信長の「兵力二千」は本当か

松井宗信（遠江二俣《とおとうみふたまた》城主）、井伊直盛（遠江井伊谷《いいのや》城主）、飯尾乗連《のりつら》（遠江曳馬《ひくま》城主）、蒲原氏徳《かんばらうじのり》（駿河蒲原城主）、由比正信（駿河川入《かわいり》城主）、由比光教（駿河由比城主）、久野《くの》元宗（駿河久野城主）。このほか「駿河旗頭《はたがしら》」の三浦義就《よしなり》、一宮宗是《むねこれ》、一説に駿河庵原《いはら》城の庵原元政。これらの人物に共通するのは、まずは今川義元の重臣たちであること。それともう一つ。どうやら桶狭間の戦いで、義元とともに戦死しているようなのです。

これは何を意味しているかというと、今川軍本隊が織田信長の攻撃を受けて、完全に壊滅している、ということです。彼らはけっして、義元の旗本とか親衛軍に属していたわけではない。少なくとも数百人単位の兵を率いて、桶狭間付近に展開していた。だから「狙うは義元の首一つ、他の者には目もくれるな」式の戦いを信長が選択していたら、彼らがそろって討ち取られるとは考えがたい。

織田方二千人の部隊で、その十倍以上の今川軍を打ち破るとなれば、普通は奇襲しかありません。でも、前項で書いたように奇襲ではなくて正面から戦いを挑んだのだとすると、大坂夏の陣における真田幸村《ゆきむら》のように、狙いを大将首一つに定めて、錐《きり》のように突撃するしかないでしょう。

　でも、それでは、奇跡的に（そんな一か八かが成功するのは、奇跡以外の何ものでもありません）もくろみが図に当たり、ピンポイントで義元の首を取ることができたとしても、またそのことにより今川軍を敗走させることができたとしても、敵の部隊全体を制圧する余力などなかったはずです。

◆信長と宗教論争

天正七（一五七九）年、安土城下の浄厳（じょうごん）院で、浄土宗と日蓮宗の宗論が展開された。これが安土宗論と称される事件である。浄土宗側の論客、貞安上人はのちに信長・信忠父子の菩提（ぼだい）を弔うために京都に大雲院を開いたが、この信長の肖像は同院に伝えられたものである（模本、東京大学史料編纂所蔵）。

　他の事例に学んでみましょう。こんなにたくさん、有力武将が枕を並べて討ち死にしている合戦は、それほど多くありません。（一）長篠の戦い（一五七五年）（二）耳川《みみかわ》の戦い（一五七八年）（三）

沖田畷《おきたなわて》の戦い（一五八四年）――くらいでしょうか。（一）はとくに有名ですね。織田軍三千挺《ちょう》の鉄砲隊の前に、無敵の武田騎馬軍団が敗れ去ったと伝えられる戦い。（二）は豊後の大友宗麟《そうりん》の派遣した大軍が、宮崎県の耳川で、薩摩の島津軍に完敗した戦い。（三）は島原半島で、肥前の龍造寺隆信がやはり島津勢に討ち取られた戦いです。

これらを検討してみると、二つの要素を検出できます。A兵力が拮抗《きっこう》していた。もしくは、B常ならぬ戦術が効果的だった。この二つ。（三）はBで、戦史に詳しい方ならよくご存じの島津家のお家芸、「釣り野伏せ」（三面包囲作戦）がバッチリはまった。（二）は「釣り野伏せ」が使われた上に、Aでもあった。（一）は織田方の兵力がはるかに優勢で、さらに鉄砲の集中的な活用が図られています。

では桶狭間はどうか。信長の奇襲を否定するのであれば、Bではない。すると、Aのはずなのです。でも、今のところ、織田方二千に今川方二万五千。うーん、これでは……。そうだ、奇襲が否定されたのだから、兵力差だって考え直せないでしょうか。実は織田方は、たった二千ではなかった！　よし、これでいきましょう！

## 石高から見た信長の実兵力

次の数字は何を表すでしょう？　駿河十五万、甲斐二十二万、信濃四十万、上野《こうずけ》五十万。おわかりですか？　答えは各国の石高なのです。ただし、この数字は慶長三（一五九八）年、関ケ原前夜のものです（ネタ元は明治時代に撰述された『大日本租税志』）。戦国大名の経済力、軍事力をわり出すのは、容易ではない。江戸時代の大名と違って、支配領域も、石高も分からない。仕方がないので、よく用いられるのが右の数字。これは太閤検地を経た後にようやく明らかになった数値ですが、とりあえずの目安になります。

たとえば、武田信玄は家を継いだときに甲斐一国を治めていたから、二十万石くらいの大名に相当する。そのあと十年かけて信濃を制圧しますので、あわせて六十万石くらい。最盛期には上野の西半分と駿河も占領しているので、収穫高は百万石に達しただろうか。これに軍事力をリンクさせてみましょう。

川中島の戦い（第四回のそれ。永禄四＝一五六一年）で、武田兵は二万人といわれています。このときの領地は六十万石に当たりますので、三十万石で一万人の兵力。

◆信長と浄土宗

天正七（一五七九）年の安土宗論では、安土（現在の滋賀県近江八幡市）の浄厳院という浄土宗のお寺で、同宗の僧侶と日蓮宗の僧侶とが議論を戦わせた。信長の裁定は浄土宗勝利であったが、日蓮宗は古くから異議を唱えている。宗論の場となった浄厳院にのこされた信長像である（模本、東京大学史料編纂所蔵）。

信玄最晩年の三方原《みかたがはら》の戦い（徳川家康を打ち破った。元亀三＝一五七二年）では全体で三万人くらいの兵を動かしたらしい。まあ、これも同じくらいの比率でイケそうです。

江戸時代の大名は、十万石で二千人前後の兵を養うよう、義務づけられていた。これに比して三十万石で一万人、はきつすぎる。でも、食うか食われるかの戦国時代、ということで目をつぶっていただき、これを基準にしてみましょう。さて懸案の桶狭間での兵力です。今のところ、「今川軍二万五千VS織田軍二千」となっていました。

当時の今川領は、駿河、遠江、三河。あくまでも慶長三年のものですが、駿河十五万、遠江二十五万、三河三十万。合計して七十万石ですので、総力を結集すれば、今川義元は二万五千人の大軍を何とか準備できるかな。一方の尾張と織田信長。信長は桶狭間の戦いの前年までには、尾張の統一を成し遂げました。この戦いで存亡の危機に立たされた信長は、義元以上に懸命に、領国から兵をかき集める努力をしたはず。

そこで、また問題です。尾張の石高はいかほどでしょうか。地図を広げると、尾張の面積は駿河の半分。伊豆と同じくらい。伊豆の石高は七万石です。尾張もそれくらい？　いいえ、いいえ。実は尾張は五十七万石もあるのです。日本全国でもずば抜けて生産量が高かった国、それが尾張。じゃあ、農業だけで、商業は振るわなかったんじゃないか？　とんでもない。津島や熱田は商業で栄えていましたし、信長の父の信秀は朝廷に四千貫文（四億円くらい？）もの献金をしています。こんなに気前の良い大名は他にいません。中国地方の覇者、毛利元就ですら、半分の二千貫です。

そうすると、疑問が浮かび上がる。信長の軍勢二千人。これだけのはず、ないんじゃないか。いやもう、絶対におかしいでしょう！　信長の兵力は少なくとも一万以上いたのでは？　それがぼく流のナナメ読みの解釈です。

## なぜ『信長公記』は年号を誤ったか

引っ張ってすいません。ぼくが思い描く桶狭間の戦いは、次のようなものです。永禄三（一五六〇）年、前年にほぼ尾張を統一した織田信長の勢力の増大を警戒した今川義元は、領国の総力を挙げ、二万を超える大軍を率いて尾張国境に兵を進めた。国境地域を侵略して信長の勢いに打撃を与え、ゆくゆくは尾張を占領するためである。信長も全力で今川勢を迎え撃つ。尾張を完全に掌握していれば二万の兵を動員することも可能だが、まだその支配は成熟していないために、そこまでの軍備を整えることはできない。けれども、おそらく一万を超える兵は用意していただろう。

今川軍はそれぞれの城や砦《とりで》を攻める兵を割き、桶狭間に陣を敷いていた。織田軍は丸根・鷲津砦を捨て駒とし、残る全軍で今川本軍を攻撃する。この時点で、桶狭間における両軍の兵力差は相当に縮まっていて、今川軍が織田軍の十倍などということはあり得なかった。戦術の巧拙はさておくとして、戦いは織田軍の勝利となり、今川軍は大将の義元以下、歴戦の諸将が討ち死にを遂げた。この敗戦以後、今川家は衰退の一途をたどる。

以上がぼくの考えで、『文藝春秋』二〇〇八年五月号の「織田信長　改革と破壊と」では、すでにそう発言しています。そもそも、いま主流になりつつある、「二千の信長軍の正面攻撃」説は、根本史料である『信長公記《しんちょうこうき》』を厳密に読もう、というところから出発している。『信長公記』は良い史料ですが、戦いの年次を天文二十一（一五五二）年としたり、今川軍を四万五千としたり、重大な情報において確実に

◆ 錦絵の中の桶狭間

幕末から明治初期にかけて活躍した浮世絵師、月岡芳年（一八三九～九二）が描く今川義元の最期（画中では「稲川」と表記、静岡県立中央図書館蔵）。義元に組み付いているのは毛利新助。彼は義元を討ち取る大功を立てた後も信長の馬廻りとして一生を過ごし、本能寺の変で討ち死にを遂げた。芳年は「無残絵」で知られるが、武者絵に秀作を多くのこしている。

今川義元が持っている刀は「宗三左文字」もしくは「義元左文字」と呼ばれる名刀。三好政長（宗三）から甲斐も武田信虎に贈られ、信虎が義元に譲った。義元の戦死後は織田信長が愛用した。

誤ってもいる。これさえ読めば大丈夫、ではない。だからぼくは、この説に賛同できないのです。

それよりも、ぼくが感心したのは、ネット上で見た『余湖くんのホームページ』(http://homepage3.nifty.com/yogokun/)の考察です。中世城郭研究者の余湖さんが書かれているのですが、残念ながら面識がなく、どんな方かは存じ上げません。ですが余湖さんは、ぼくと同様に織田軍は『信長公記』の記事よりはるかに多かっただろう、とした上で、ぼくが思いもしなかったことを書かれています。なぜ、『信長公記』は戦いの年次を天文二十一年、実際よりも八年も早く設定しているのか。

それは、この時点であれば、信長の勢力圏が小さく、集められた兵は二千人くらいだったから。作者の太田牛一は、「織田軍二千」を強調したいがために、わざと年次をずっと前に設定したのだ、というのです。

なるほど、卓見です。これなら、納得できる。では、最後に一つだけ。なぜ、牛一はそこまで「織田軍二千」にこだわったのか。ぼくは一つの妄想(いまだ、妄想の段階です)をもっています。「織田軍二千」とは信長の馬廻《まわ》り、親衛隊のことではなかったか。牛一も在籍していた馬廻りは、『信長公記』の最後、本能寺の戦いで、信長の嫡男の信忠とともにほぼ全滅します。牛一はかつての仲間たち、栄光の馬廻り隊の物語として、『信長公記』を構想した。彼らの華々しいデビューの舞台、それが桶狭間だった。それゆえに、織田軍は二千。そうあらねばならなかった、と考えてみたいのです。

# 第2章
# 「天下統一」という新概念はどう生まれたか

## 信長が天下統一を「発明」した

ぼくも大好きなのですが、戦国時代を舞台にしたゲームをしていると、どんな戦国大名も天下の統一を目標としている。天下人になるために隣国を侵略しよう、他の大名をうち倒そうと、毎日がんばって努力している。あれ、本当なんでしょうか？

小田原城の後北条氏《ごほうじょうし》が欲しかったのは、一貫して関東です。上方《かみがた》への対応を怠って、豊臣秀吉《ひでよし》のすごさがわからず、滅ぼされちゃった。毛利元就《もとなり》も一生、吉田郡山城（広島県安芸高田市）という便のよくない山城に住み、中国地方に覇を唱えることを目標としている。それ以上は望んでいない。

一国を支配することで満足している大名もいます。越後の上杉謙信、越前の朝倉義《よし》景《かげ》、美濃の斎藤道三などはそのタイプでしょう。だいたい、けわしい山や大きな川など、地理的な条件によってひとまとまりになっている地域が「国」として区画されていたわけですから、その国を支配の単位とする、というのはリーズナブルだったわけです。

駿河の今川義元は桶狭間で織田信長に討ち取られてしまったために、京都の文化にかぶれた暗愚な人物としてテレビやゲームに登場しますが、実際には「海道一の弓取り（戦《いくさ》上手）」と謳《うた》われた有能な大名でした。彼は今川領国の法律というべき「今川仮名目録」を制定し、その中で力強く宣言します。

「いま、大名は自身の力量でもって法律をかかげ、領国内を穏やかに保っている。だから、わが今川家の権勢の及ばぬことが、国内にあってはならない」

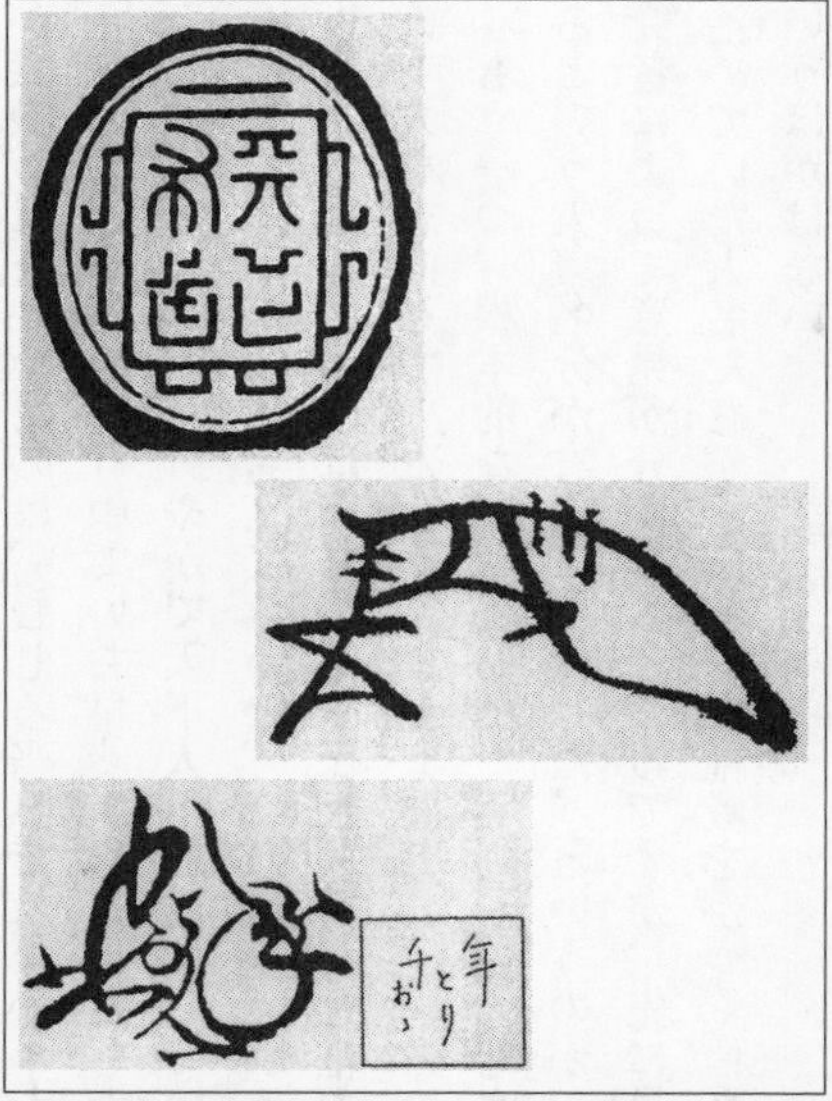

◆「天下統一」意識の出現

上図は「天下布武」の印。岐阜城の攻略後、信長はこの印章を用い、「天下」平定を高らかに宣言した。中図は信長の花押（サイン）で平和な世に出現する霊獣、麒麟（きりん）の「麟」の図形化。戦乱のない世を意識していたのだろう。下図の竹中半兵衛の花押「鳳」も同様である（右枠内は文字の配列）。

天皇や将軍の権威をあてにせず、領国を自らの実力で支配する戦国大名。彼らはその地域の「王さま」と呼ぶべき存在です。彼らの興味の対象がもっぱら自国に限定され、天下だとか、国家だとかが意識されなかったのは、むしろ当然ではなかったでしょうか。

諸大名が牽制《けんせい》しあう中でいち早く上洛を果たしたのが織田信長で、彼は室町将軍を奉じて天下に号令し、やがて天下人へと成長していく。ぼくたちは何となくそう理解していますが、よく考えてみると、これは全くおかしい。一つには、信長が上洛する以前にも京都周辺には三好長慶《ながよし》や松永久秀など権力者は常にいたわけですが、彼らが天下人を志向していたようには見えません。

もう一つ、根本的な問題として、実力が重んじられていた戦国の世に、将軍を奉じるという大義名分が有効に機能した、というのがヘンテコリンです。このあたりは研究者によって意見が分かれるところですが、先に見たように「自らの力量」で領地を治めていた大名たちが、伝統的な権威をかつぐ信長にひれ伏した、とするのは矛盾というほかはない。

じゃあ、どう考えるか。この列島は統一されるべきだ。そう「発想を転換」したところに、信長の何よりの「新しさ」があった。ぼくはそう解釈したいのです。信長は実力を蓄えるため、経済的にもっとも豊かな畿内の制圧を進めた。他の大名を圧倒する生産力に依拠しながら、信長は「日本」を作っていったのではないでしょうか。

## 「畿内の覇者」と天下人の違い

源頼朝《よりとも》の父、源義朝《よしとも》の事跡を調べてみると、義朝を支えていた家人といえば、一に山内首藤《やまのうちすどう》氏（義朝の乳兄弟の鎌田正清はこの家の人）、二に波多野《はたの》氏。山内首藤氏の本領は、鎌倉を含む相模国山内荘。波多野氏の本領は、現在の神奈川県秦野《はだの》市にあった同国の波多野荘。義朝は波多野の娘との間に、次男朝長《ともなが》をもうけています。

戦国時代の丹波で活躍した戦国大名の波多野氏は、広くいえば相模・波多野の子孫だそうです。石見の吉見家（頼朝の弟の範頼《のりより》の子孫）出身の清秀が母方の波多野を名乗り、細川勝元に仕えたのが丹波・波多野の初代。清秀は勝元から所領をもらって丹波に根をはり、その子の元清は勢力を伸ばし、大名へ成長していきました。

やがて織田信長が畿内にやってくると、波多野秀治《ひではる》はこれに降ります。信長は明智光秀に丹波の平定を命じ、秀治は光秀の指揮のもとで働きました。ところが天正四（一五七六）年、突如として織田家に反旗をひるがえす。その後は地元の豪族、赤井直正《なおまさ》と連携し、ねばり強く抗戦するのです。

ちなみにこの赤井直正、小説などにはほとんど取り上げられていませんが、相当な

◆織田軍と戦った波多野秀治

織田軍相手にねばり強く抗戦した戦国大名、波多野秀治の肖像（模本、東京大学史料編纂所蔵）。秀治は八上城に籠城し、一年半にわたって耐え抜いた。だが兵糧が尽きて降伏、安土に送られて磔（はりつけ）に処せられた。一説には光秀が助命を約束したので開城したが、信長によって約束は破られ、人質になっていた光秀の母は怒った城兵に殺されたという。

戦上手だったらしい。あだ名が「悪右衛門」とか「丹波の赤鬼」。『甲陽軍鑑《こうようぐんかん》』には、「名高キ武士」として、徳川家康、長宗我部元親《ちょうそかべもとちか》と並んで名が挙がっています。また、正室が関白の近衛稙家《たねいえ》の娘、というのもすごい。

なお、「浪速のロッキー」赤井英和さんは、直正の子孫であるとか。うーむ、強いわけだ。

秀治の娘の一人は隣国である播磨国の大名、別所長治《べっしょながはる》に嫁いでいた。この長治も初め信長に従っていたのですが、天正六（一五七八）年に背き、居城である三木城（兵庫県三木市）に立てこもる。毛利家と戦っていた羽柴秀吉は、背後が危うくなって慌てて軍を引き返します。取り残された上月城《こうづき》（同県佐用町）が落城したのはこのとき。毛利に滅ぼされた尼子家の再興を期していた城主の尼子勝久は切腹、「われに七難八苦を与えたまえ」と月に祈った山中鹿介《しかのすけ》は捕らえられて殺害されます。

明智光秀は天正七（一五七九）年、波多野秀治が立てこもる八上城《やかみ》（同県篠山市）を落とし、丹波国を平定しました。これに続いて翌年には、羽柴秀吉が別所長治の三木城を陥落させて、播磨を手に入れました。

ところが実は、二十五年ほど前にも、同じようなことをしていた人物がいた。それが三好長慶《ながよし》と松永久秀です。彼らは、八上城と三木城をほぼ同時に攻めている。天文二十四（一五五五）年、八上城の波多野晴通《はるみち》（秀治の父）と三木城の別所就治《なりはる》（長治の祖父）は三好の軍勢に降伏。丹波と播磨はこれ以後、三好家の支配下に入りました。

長慶は信長と同じようなことを、やっている。信長より四半世紀早く。そういえば、長慶の支配した国々は、四国の阿波と讃岐を本領として、山城、河内、和泉、摂津、大和、それに丹波と播磨。実に広い範囲に及んでいるのです。

これだけの勢力圏を持ちながら、なぜ彼は天下の統一を目指さなかったのでしょう？　信長との違いは何なのでしょう？

## 天下を狙わなかった三好長慶

三好長慶《ながよし》は織田信長に先んじること二十五年、畿内を掌握していました。では何で信長は天下に向かって歩を進めたのに、長慶は天下取りに向かわなかったのでしょう？　それがとても気になりました。

長慶と信長の違いは何なのでしょう。長慶はおそらく、室町幕府の実権を掌握しようとは思っていたでしょう。けれども、その室町幕府はそもそも、全国を均一に統治しようという意図をもっていない。東は駿河、西は博多。さらに本音を明かせば畿内近国。その辺りまで指令が届けばそれで十分。そう考えていたのです。これに対し、信長は岐阜に居城を移したときから「天下布武」を表明していました。この視野の差は大きい。

それから、二人の「支配」の性質には、違いがあるのではないか。惣村《そうそん》（中世に成立した自治村落）の一揆契約状を整理していて、そう思いつきました。

というのは、戦国時代の村落の住人たちは、「地侍《じざむらい》――本百姓《ほんびやくしよう》――脇百姓――下《げ》人《にん》」という構成をとっている。地侍は村落の指導層を形成します。本百姓は村落の正式な構成員で、村の精神的な紐帯《ちゆうたい》である神社の社殿に、座席（宮座という）を有することを許される。脇百姓はいわば半人前の小規模な農民ではあるが、村落の構成員として認められる。神社での座席は、本百姓より一段下手《しもて》に用意される。下人は地侍や本百姓に人格的に従属する零細農で、構成員には数えられず、社殿に上がることは許されない。

◆ 畿内の覇者・三好長慶

三好家と縁が深い堺市の南宗寺に伝わる三好長慶の肖像（模本、東京大学史料編纂所蔵）。長慶は三好元長の嫡男。三好家は甲斐源氏の小笠原氏の一族といわれ、細川家に仕えて阿波の守護代を務める家であった。若年から知勇に優れ、父の元長を謀殺した細川晴元に忠実に仕えたが、やがて袂（たもと）を分かって細川家、さらには室町将軍家の実権を掌握した。

三好長慶というと、信長たちよりよほど古い人と思いがちだが、実は武田信玄より一つ年下である。彼の影響力は広い範囲に及んでいたが、実際に動員されている兵力を見ると、多くて三千ほど（江口の戦い）である。地方の戦国大名とは、支配の質が異なっていた、と考えられよう。

このうち戦国時代に特徴的なのは、地侍の振る舞いです。彼らはあるときは農民ですけれども、あるときはたとえば足軽として、武士として活動します。一揆の先頭に立って武家勢力と戦うかと思えば、その地域一帯の領主——これを国人《こくじん》領主といいます——の家来となり、村落を支配する下級の役人になる。

彼らこそは学術用語で「小領主」と呼ばれる存在であり、のちに豊臣秀吉が兵農分離の政策を実施したときに、「兵」になって城下町に移住するか、「農」として村落に残るか（この場合は庄屋とか名主、村落のリーダーになる）、選択を迫られた階層なのです。

三好長慶が掌握したのは、各国の国人領主どまりだった。村落のことは国人領主任せにしていた。だが、明智光秀や羽柴秀吉を通じての信長の支配は、国人領主にとどまらず、地侍＝小領主にまで及んだのではないか。それが私の理解です。長慶の統治は、村落の自立を前提としていますから、いくつかの村落を基盤とする国人領主を、思うがままには従わせられない。国人領主は地域に根ざした経営を展開しており、長慶の命令にしばしば背いたのです。

ところが織田家の場合は、地侍を抱え込み、村落からの切り離しを行っている。それゆえに国人領主も、地域から分離して、城下町への集住を命じることができる。江戸時代に見られる、武士のサラリーマン化が始まるのです。こうなると国人領主は、簡単には織田家から離れられない。自分の運が開かれるには織田家の躍進が必要で、両者は運命共同体だったのです。それゆえに織田家の足腰は強力で、天下を狙えたのではないでしょうか。

## 支配を地域に深く浸透させた信長

戦国大名とは何か、と尋ねられれば、その地域の王者です、と私は答えます。天皇や将軍の権威を借りず、自らの実力で地域を支配する権力、それが戦国大名なのだと考えるのです。

この定義についての詳しい説明はまたの機会に譲って、ここでは戦国大名が生まれてくるまでの歴史をまとめようと思います。戦国大名の先行形態として、地域には鎌倉時代の守護、室町時代の守護大名がありました。これらはいったいどう関係していたのでしょうか。

鎌倉幕府は国ごとに守護を置きました。この守護は江戸時代の大名ではなく、役人であり、官人《かんにん》です。たとえば下野《しもつけ》の守護は小山《おやま》氏ですが、小山氏は下野の国の土地を支配し、物産を支配し、人々を支配し、という存在ではないのです。

官人には職務があるわけですが、これが有名な「大犯《だいぼん》三ケ条」です。一、謀反人の逮捕（読んで字のごとし）。二、殺害人の逮捕（同前）。三、大番《おおばん》の催促（国内の御家人を順番に京都に赴かせ、内裏《だいり》の警護に当たらせる）。この三つ。さて、ここで留意すべきは、守護の職務はこの「大犯三ケ条」を代表とする、いろいろなこと。ではありません。「大犯三ケ条」だけ。「大犯三ケ条」以外に、守護は権限を行使してはならないのです。

鎌倉幕府が倒れると、足利氏は一門の武士たちを各地に派遣し、新たな守護に任じました。斯波《しば》・畠山・細川などなど……。彼らは南北朝の戦乱に対応するために、将

◆ 下剋上された剣豪将軍

京都市上京区の光源院（相国寺塔頭）に伝わる足利義輝（一五三六〜六五）の肖像（模本、東京大学史料編纂所蔵）。義輝は室町幕府第十三代将軍。若年の頃より、三好長慶と和睦と抗争の日々を送った。剣の名手であったが、これは彼の将軍としての力量とは関係なく、やがて松永久秀や三好一族によって謀殺された。
義輝は鹿島新当流の剣豪、塚原卜伝に剣を学び、奥義である「一の太刀」を伝授された。松永らの襲撃を受けたとき、義輝は足利氏重代の刀を畳に突き立て、取り替えながら多くの敵兵を切り払ったという。だが最後は、敵兵たちが畳を盾として四方から同時に突きかかり、殺害された。

軍や幕府の権威を利用して、国内の武士、すなわち国人を束ねていきました。彼らを家来として取り込み、優勢な軍事力を構築したのです。それを達成できぬ者は、容赦なく淘汰《とうた》され、新たな守護が京都から任命されました。三代将軍の足利義満のころには戦乱はひとまず終息し、各国の守護の顔ぶれが確定する。ここに生き残った者たちが、新たな守護である「守護大名」であり、幕府政治の担い手ともなりました。

やがて応仁の乱などを契機として守護大名たちはそれぞれに領国に帰り、京都政界ではなく、在地への対処を重視するようになります。この動きの中で、「守護大名」は「戦国大名」へと変貌を遂げていく。戦国大名と守護大名を分かつもの。それは一言でいえば「実力」です。守護大名は将軍や幕府の権威を頼る。戦国大名は他者をあてにせず、自己の才覚で支配を行う。この意味で戦国大名こそは、土地を支配し、その地に生きる人々を支配する、その地域の「王」なのです。

以上の内容をまとめてみましょう。守護とは。鎌倉幕府に任命された、国を治める官人。「大犯三ケ条」を職権とする。守護大名とは。室町幕府に任命された守護のうち、各国の在地武士である国人の取り込みに成功したもの。国人を動員して、軍事を担う。戦国大名とは。前項の議論も参照するならば、国人のみならず、地域の地侍層までを家人とすることに成功したもの。国人を寄親《よりおや》（政治・軍事的な保護者）、地侍を寄子《よりこ》（被保護者）として、大がかりな軍事動員を可能にした。

三好長慶《ながよし》は畿内に勢力を広げながら、なお守護大名の性格を払拭しきれないでいた。織田信長は、支配を地域に深く浸透させていった。両者の違いはここに見られるのです。

## 「都」と「遠国」

ユーラシア大陸を見た場合、その東の端にあるのが日本列島である。だからわが国の歴史においては、新しい文物は常に西からやってくる。博多を玄関口にして、それは東へと運ばれる。武士の都である鎌倉には、文物は最後にやってくる。鎌倉は日本の東のはずれにあり、大きくみれば、ユーラシア大陸の東の行き止まりなのだ……。

私は鎌倉について述べる際に、しばしばこう書いてきました。けれども、こうした叙述は、実は正しくありません。なぜならば東の関東地方のさらに北に、東北地方があるからです。

東北の歴史は、苛酷《かこく》です。くりかえし降りかかる天災・人災。古くは貞観《じょうがん》の大津波、江戸時代の大飢饉《ききん》。また坂上田村麻呂《さかのうえのたむらまろ》の征戦以来、中央政府との対決ではつねに敗者となってきました（五戦して五敗の歴史、という人もいます）。加えて、二〇一一年に起きた、東日本大震災。

室町時代、幕府には一つの政治理念がありました。それは「遠国《おんごく》のことをば、少々のこと、上意の如くならず候といえども、よき程にてこれをさしおかれること」（『満《まん》済准后日記《さいじゅごうにっき》』永享四年三月十六日)。「遠い国のことは、少々のことであれば、将軍の意にそわなくても、そのままにしておく」というのです。遠国とは、鎮西探題が治める九州、それに関東公方の治める関東と東北。これらの国の大名は、京都に滞在する義務を免除される代わりに、幕府の政治に関与できませんでした。

全国の統一はやがて豊臣秀吉によって達成されますが、それに先だって彼が発した「惣無事令《そうぶじれい》」は、この地域差を良く反映しています。天皇を戴《いただ》いた秀吉は、統一政権の成立と天下の平和を宣言し、勝手な戦いを止めるように呼びかけました。この命令は、四国平定の後、これから関東以東と九州を制圧

◆信長、秀吉に仕えた蒲生氏郷

福島県会津若松市の興徳寺に伝わる蒲生氏郷（一五五六〜九五）の肖像（模本、東京大学史料編纂所蔵）。同寺には氏郷の墓がある。若くして織田信長にその才能を賞せられ、娘婿となった。豊臣秀吉に仕えて、伊勢松が島（松阪）十二万石から、陸奥会津四十二万石（のちの検地・加増により九十二万石）の大大名に。だが、奥州に行っては天下が望めぬ、と慨嘆したことが『常山紀談』に記されている。

しようという時点で出されているのです。

山本博文氏の名著『島津義弘の賭け』（中公文庫）には、豊臣政権に組み込まれながら、なるべく中央と関わらずに日々を送ろうとする薩摩の島津家の様子が活写されています。実質的な当主である島津義久には、秀吉の恐ろしさ、中央政権の苛酷さがよく理解できない。中央と交渉している弟の義弘は背筋の凍るような危機感をしばしば抱くのですが、国元はそれに反応してくれない。結果として、島津勢は天下分け目の関ケ原の戦いに、わずか千人ほどの兵力で臨むことになってしまいます。

こうした事態は、程度の差こそあれ、おそらく東北にも通じるのではないか。代表的な大名である伊達・最上、それにそもそも徳川軍の討伐対象となっていた上杉は、東北地方から動いていません。

でもいまや、いくたの困難を乗りこえて、北海道から沖縄まで、日本は一つになっています。東北の苦しみは、私たちみんなの苦しみです。少しずつでもいいから、これからもずっと、支援を続けていきたいものです。

## 遠国にほうり出された家康

天正十八（一五九〇）年、豊臣秀吉の攻撃によって、さしもの天下の名城・小田原城も落城。五代百年の繁栄を誇った北条氏は滅亡します。

空白になった関東の地にだれを封じるか。一説によると「名人・久太郎《きゅうたろう》」こと堀秀政もその候補だったということですが、彼が小田原戦の最中に病没したこともあり、結局は徳川家康が東海地方から移ってくることになります。

歴史好きな方はご存じだと思いますが、家康の新領国は約二百五十万石。一方で秀吉の直轄地がおよそ二百二十万石。なんと家臣である家康の方が、多い。ちなみに後の徳川将軍家は天領が四百万石、旗本知行地が三百万石、あわせて七百万石。この圧倒的な数字から見ると、秀吉と家康のバランスは実に奇妙です。なぜ秀吉は、家康をこんなに厚遇したのだろう？　私は不思議でなりませんでした。

それに対して一定の解答を与えてくれた考え方が、前項でとりあげた「遠国《おんごく》」の論理でした。室町幕府は東は東北・関東、西は九州を「遠国」もしくは「鄙《ひな》（いなか、ということです）」と認識していて、この地については、将軍の思うとおりにならなくても、まあいいやと放っておいた、というものです。織田・豊臣政権も、前代のこの室町幕府の認識を継承していた、と想定したらどうでしょう?

信長にとって、また、秀吉にとって、一番大事なのはむろん京都・安土・大坂・伏見を含む畿内なのでしょうけれども、次いで大事だったのは中部・中国・四国地方。室町幕府が称するところの「都《みやこ》(鄙に対する先進地域、の意)」だった。東海地方にある家康の本領を取り上げて、「鄙」にほうり出してしまいたい。そうすれば領地が拡大しようとも、徳川家の勢力を実質、そぐことができる。秀吉はそう考えたのではないでしょうか。

山本博文氏の『天下人の一級史料』(柏書房)を読み返してみて、今更ながらにああ、そうか、と思いました。というのは、秀吉は全国一律にあの「刀狩り」令を発しているわけではないのですね。この法令は島津征伐の実施に際してのもので、刀を差し出せ、と命じているのは九州に対してです。次いで、その後に出兵の対象となった関東・東北でも適用された。つまり、「都」地域は「刀狩り」の対象から外れていた。「惣《そう》無事令《ぶじれい》」。前項でふれたように、これも、統一政権の成立と天下の平和を宣言し、勝手な戦いを止めるように呼びかけた「惣無事令」。これも、これから関東以東と九州を制圧しようという時点で出されています。

さて、そこでまとめて考えてみると、次のように言えるのではないでしょうか。天正十四年、前年に四国を制した秀吉のもとに徳川家康が赴き、臣下の礼をとった。これにより名実ともに「都」地域は豊臣政権下に組み込まれ、天下統一事業、第一弾が終了した。信長からの懸案であった「天下統一」は、実はこのときにほとんど達成さ

◆天下人・秀吉

豊臣秀吉像(模本、東京大学史料編纂所蔵)。この肖像画を所蔵する西教寺は大津市坂本にあり、天台宗の一流、天台真盛(しんせい)宗の総本山である。十五世紀末、真盛上人が中興の祖となり、戒律と念仏を重視、朝廷の崇敬を得た。近江坂本城主であった明智光秀との縁が深く、有名な光秀の肖像は同寺に伝わっている。元亀二(一五七一)年、織田信長による比叡山焼き討ちの際に西教寺も焼失した。その復興には、滋賀郡の領主となった明智光秀の援助があったものと考えられる。また天正十八(一五九〇)年、後陽成天皇の命で、廃寺となっていた京都・岡崎の法勝寺を実質的に取り込んだ。同寺は院政期に天皇家の氏寺として繁栄を極めた寺院で、その寺籍と伝来の仏像・仏具は西教寺に引き継がれた。

れたのであり、四年後の小田原落城による「鄙」地域の制圧＝天下統一事業第二弾、これは秀吉にとっては「おまけ」のようなものだった。おまけ、はちょっと言い過ぎかもしれませんが、都と鄙の戦いは、矛を交える以前に、勝負がついていたように思えます。

# 第3章 部下・光秀が「本能寺」を決めた出来事

# 今も昔も仲立ち役は出世する

大河ドラマの影響力というのはすごいもので、今まで世間的にはほとんど無名であった私に、ああ、あなたは二〇一二年の『平清盛』の時代考証を務めた人ですね、と話しかけてくださる方が、若干ではありますけれども、増えてきました。本当にありがたいことです。

ただ、そうした方たちは、無理からぬことですが、私がもっとも得意とする研究対象をご存じない。清盛や平家の研究者と認識してくださるならまだ良いのですが、おまえはたまにテレビにも出ているからタレント教授というヤツだろうとか、よく分からない話の流れの末に、研究者としての良心はどこに行った？　などと罵声を浴びせられることもあり、そうなるともう、当惑するよりほかありません。

いや、おれはおまえの読み物は読んでいるが、そういえばおまえが何の研究をしているかは知らないな、という読者のためにも明らかにしておきたいと思いますが、私は「中世朝廷訴訟の研究」という論文で博士号をとりました。鎌倉時代の朝廷の裁判・政治構造を明らかにするところから出発した研究者です。

具体的に何をしたのか、ですが、その中の一つに「西園寺《さいおんじ》中心史観」の克服があります。鎌倉時代には京都に朝廷、鎌倉に幕府があったのですが、両者が文書を以て意思の疎通を図るときには一定のルールがありました。必ず上級貴族である西園寺氏（歴代当主は太政大臣に昇る）を通じて、文書のやり取りをしたのです。こうした西園寺氏の特殊な立場は「関東申次《もうしつぎ》」と呼ばれていました。

◆足利義満と西園寺の縁

元仁元（一二二四）年、藤原公経（きんつね）は北山（現在の京都市北区の南部）に寺院と山荘を建てた。その寺院の名称が西園寺で、公経の子孫は西園寺氏を名乗ることになる。室町時代になると西園寺氏の権力は衰え、山荘は足利義満に譲られた。義満がこの地に建てた寺院こそが鹿苑寺（ろくおんじ）、また金閣であった。この絵は、京都市上京区の相国寺に伝わる足利義満の出家後の肖像（模本、東京大学史料編纂所蔵）。

この史実に注目したのが、私の職場である東京大学史料編纂《へんさん》所の所長を長く務められた龍粛《りょうすすむ》博士（一八九〇～一九六四）です。当時の日本の軍事・外交をつかさどっていたのはモンゴル来襲を例にとれば明らかなように、朝廷ではなく、鎌倉幕府である。その鎌倉の判断や情報は、すべて西園寺氏を通して朝廷にもたらされる。とすれば、朝廷の意思決定は、西園寺氏ぬきには語れまい。西園寺氏が朝廷の政治動向の中心に位置するのだ。その考えのもとに龍博士は、『鎌倉時代』（春秋社、一九五七年。少し形を変え、二〇一四年に文春学藝ライブラリーに収められた）をまとめられたのです。

同書は今なお熟読玩味《がんみ》すべき名著ですが、私はその骨格に疑問を持ちました。よく調べてみると、朝廷のトップである上皇、それに藤原摂関家は、鎌倉の北条氏（執権）に直接意志を伝えるルートを開拓しているのです。ですから、朝廷と幕府の一番大事な議案は、西園寺氏を通さずに、上皇と北条氏のあいだで決定できる。となると、「西園寺中心史観」は疑ってかかるべきだろう。その疑念から分析を始めていくと、西園寺氏は朝廷の実権者ではなく、ふたつに分かれた皇統のひとつ、持明院統《じみょういんとう》の重臣という立場にとどまっている、という理解に到達する。これが私の結論です。

でも、AとBの意思の疎通を図る。AとBの仲立ちをする。そうした「申次」という行為が日本にはあり、それが重要な地位なのだ、ということは再確認できました。

この成果をもって、また前章での日本の都鄙《とひ》論をふまえて、本能寺の変の実相に挑戦してみたいと思います。

## 戦国時代の「取次」は重要ポスト

豊臣秀吉による天下統一より以前、日本は「都」ともいわれる地域、具体的には畿内・中部・中国・四国地方と、「鄙《ひな》」ともいわれる地域、東北・関東・九州地方とに分けて考えることができる。これが前章でのお話でした。そこで便宜的に、前者を日本A、後者を日本Bと呼びましょう。

それから、権力体（一）と権力体（二）とが交渉するときに、「申次《もうしつぎ》」と呼ばれる存在が仲立ちに立つ。たとえば鎌倉時代の朝廷と幕府でしたら、おおよそは上級貴族の西園寺家が両者を「申し次ぐ」。これが前項でのお話です。

室町時代、幕府は全国の守護大名の話し合いによって政治を行っていた、といわれます。これは実は、正確ではありません。日本Aの大名（読みは、だいみょう、ではなく、だいめい、が正しいらしい。大明という当て字の使用例があるので）には在京が義務づけられ、その代わり、幕政に関与する権利が与えられた。日本Bの大名は在京しないでよい。当然、幕府の会議には出席できませんので、幕政にも参加できない。日本Bの大名が幕府とやり取りをするときには、申次が設けられます。足利義持

（四代将軍）・義教（六代）の政治顧問、醍醐寺の三宝院満済《まんさい》の日記を見ると、篠川《ささがわ》御所（東北地方の統治のため、福島県郡山市に置かれた）の足利満直を担当する申次は細川家。日本Aと日本Bの境にいて、上京を免じられていた山口の大内家の申次は山

◆ 細川一門の当主、持之

細川持之（一四〇〇～四二）の肖像（模本、東京大学史料編纂所蔵）。持之は兄の持元のあとを受けて、細川一門の当主となる。六代将軍足利義教のもとで、管領を務めた。義教は有力な守護家に次々と弾圧を加えたが、その中で、よく細川家を守った。赤松家と細川家はかねてから仲が良かったので、赤松満祐が義教を暗殺した際（嘉吉の乱）には、黒幕ではないか、と疑われた。応仁の乱の東軍総帥、勝元の父である。

細川氏の棟梁の名は、将軍の偏諱＋通字である「元」か「之」である。「元」と「之」は崩し字にするとたいへんによく似ており、判読に苦労する。細川氏は江戸時代に肥後一国の太守になって現代にまで続くが、「幽齋－忠興」の家は分家筋に当たる（足利義満を育てた細川頼之の弟、頼有の子孫）ため、細川本家の史料を残念ながら伝えていない。

名家。同じように上京免除の駿河の今川家で家督争いが起きたときには、細川持之《もちゆき》が弥五郎を、山名時熙《ときひろ》が千代秋丸を推して対立。どちらかが家督を継げば、推した方が正式な今川家申次になったのでしょう（実際には二人とも家督を継げなかった）。細川家も山名家も、積極的に申次を務めることで、政治的な発言力を強化していったと考えられます。

織豊《しょくほう》政権でも、申次が置かれました。この時代には取次《とりつぎ》、という言葉の方がよく用いられています。織田家の場合だと、中国の毛利家は羽柴秀吉、四国の長宗我部《ちょうそかべ》家は明智光秀というように、戦国大名ごとに取次役が決まっていました。秀吉の時代になると、日本Aと日本Bというより、譜代と外様という概念を用いた方が理解しやすいかもしれません。外様勢力が都の秀吉と交渉をもとうとするときには、特定の譜代の大名が取次を務めました。有名な例ですが、島津家の攻勢に耐えきれなくなった大友宗麟《そうりん》が秀吉に庇護《ひご》を求めたとき、弟の豊臣秀長は「正式なことは私が、内々のことは千利休が」取り次ぎますのでご安心あれ、と丁寧に伝えたといいます。

山本博文氏の『島津義弘の賭け』（中公文庫）によると、宗麟を追いつめた島津家は、秀吉に降伏後、石田三成を取次として頼りました。三成は豊臣大名としての島津家に情報を与え、教育を施し、時に叱責します。国元にいる総帥の島津義久には、それがうるさく感じられる。在京して豊臣政権と交渉している弟の義弘にしてみると、全国を統一した政権がいかに強力で苛酷かよく分かる。それで三成の忠告を入れて、何とか島津を守ろうと奔走するのです。取次の三成は島津領の検地も行い、島津家の政治に深く関わっています。義弘が関ケ原で三成に味方したのには、そうした事情が根底にあったのです。

## 注目を集める「四国出兵説」

天正十（一五八二）年六月二日、明智光秀は本能寺に織田信長を襲撃し、これを討ちました。「本能寺の変」です。一世の革命児、信長は天下統一を目前にして炎の中に消えていったのですが、なぜ光秀は滅びる危険を冒して大恩ある主人に叛逆《はんぎゃく》したのでしょう。

議論は古く、江戸時代から積み重ねられてきました。これをまとめると、怨恨《えんこん》説、将来悲観説、野望説、朝廷黒幕説、足利義昭黒幕説などになりますが、最近注目を集めているのが、四国出兵説です。

その内容は、次のようなものです。信長は光秀に、四国の長宗我部元親《ちょうそかべもとちか》の取次《とりつぎ》（これまで、何回か言及してきた、あの取次です）を命じていた。光秀はこの負託によく応え、長宗我部家の帰順、というところまで話を進めていた。もちろん、信長の了承を得て。ところが、信長は突如、方針を転換した。長宗我部家は武力討伐の対象とする、と表明したのだ。取次としての光秀の面目は丸つぶれ。羽柴秀吉との出世レースにも、おくれを取ることになる。そこで光秀は叛意《はんい》をつのらせ、織田信孝・丹羽長秀

◆家光の乳母、春日局

東京都文京区の麟祥院に伝わる春日局（一五七九〜一六四三）の肖像画（模本、東京大学史料編纂所蔵）。春日局の名は福。父は斎藤利三。母は稲葉一鉄（いってつ）の娘。利三が光秀から預けられていた丹波黒井城（兵庫県丹波市）で生まれたという。本能寺の変後に父が刑死すると、伯父の稲葉重通（母の兄）の養女となり、小早川家家老の稲葉正成（まさなり）に嫁ぐ。のち三代将軍家光の乳母となり、大奥の制度を確立した。

の四国討伐軍が堺を船出するというタイミングで、本能寺の変を起こした……。

以前に書いた本の中で、私はこれを「珍妙な考え方」と一蹴してしまいました。でも、これは私の誤りでした。いま私は反省するとともに、考えを改めています。「四国出兵説」は十分考慮に値するのではないだろうか、と。

考えを改めた理由は二つあって、一つは斎藤利三《としみつ》の再認識です。私は光秀が取次として働くうちに、重臣の利三の妹を元親の妻とした、と誤解していた。四国を征服しようかという元親が、織田家の家来の光秀、そのまた家来の利三の妹なんかを妻にするのかな。うさんくさいな、と勝手に思っていました。ですが、違った。利三は美濃斎藤家の嫡流なのですね。とても家格の高い人なのです。だから、彼の妹（異父妹。幕臣、石谷光政《いしがいみつまさ》の娘）が元親の正室（かつ、嫡子である信親の母）なのは不自然ではない。順序は逆で、利三と長宗我部の縁戚関係が先。光秀が利三を家臣にしたのがあと、なのです。

理由のその二は、四国の再認識です。正直なところ、私の中では四国の評価が低かった。それは、長宗我部家の評価が低かったことと連動していました。歴史好きな女性（いわゆる歴女）のあいだでは、なぜか長宗我部元親は大人気です。ですが本能寺以後、長宗我部家にはいいところがない。豊臣秀吉にはあっさり降伏するし、九州の島津攻めに加わっては、戸次川《へつぎがわ》の戦いで大敗。関ケ原の戦いでは戦闘に参加できぬまま、取り潰し。だから、信長の元親評「鳥なき島のコウモリ」が言い得て妙で、四国はまさに「鳥なき島」。その地の取次といっても、重責ではないだろう、と。

いやいや、とんでもない。これまで書いてきたように、四国は「都」の一部。四国を平定しなければ、天下を統一したことにならない。長宗我部家の取次の責務を全うすることは、とても重い任務だった。その功績を認めてくれない主人に対して、光秀が叛意をもっても不思議ではないくらい、の。いまはそう考えています。

## 「信長死すべし」決断の真因は

明智光秀は、なぜ織田信長に謀反したのか。それは邪馬台国があった場所はどこか？　坂本龍馬暗殺の真犯人は誰か？　とともに、日本史上の三大ミステリーなのだそうです。私は古代史はよく知りませんし、坂本龍馬暗殺犯は普通に今井信郎なんじゃないの？　くらいしか言えません。議論に参加できるのは、かろうじて本能寺の変くらいなので、もう一度取りあげてみたいと思います。

光秀謀反の理由としては、繰りかえしますが、怨恨説、将来悲観説、足利義昭黒幕説、朝廷黒幕説、それに四国出兵説など、多様なものが提案されています。私が基本としたいのは野望説といわれるもので、史料編纂官を務め、国学院大学教授でもあった高柳光寿《みつとし》（一八九二～一九六九）によって提起されました。

本能寺の変当時、織田家の有力武将は地方にいて、強敵と戦っていました。羽柴秀吉は中国の毛利氏と、柴田勝家は越後の上杉氏と、滝川一益《かずます》は関東の北条氏と、それに丹羽長秀は長宗我部《ちょうそかべ》氏と戦うため四国に渡ろうとしていた。加えて徳川家康は僅かな供《とも》と、畿内に来ている。これならば信長を討つのはたやすい。そのあと畿内をしっ

◆織田信長の後継者、信忠

京都市東山区の大雲院に伝わる織田信忠(一五五七〜八二)の肖像(模本、東京大学史料編纂所蔵)。信忠は信長の長男で、後継者。本能寺の変が起きたときに、京都の妙覚寺に滞在していた。信長自害の報を聞くと二条御所に立て籠もって明智軍と戦い、父のあとを追った。もしも信忠が京都からの脱出に成功していたら(織田長益や前田玄以らは逃げ延びている)、歴史はどう変わっていただろうか。

かりと掌握すれば、地方から反転してきた羽柴や柴田と十分に戦える。信長に代わって天下人に昇りつめる、千載一遇のチャンスである。光秀はそう判断し、反逆に踏み切った。

まさに、ありきたり。シンプルこの上ない説です。でも冷静な史料批判によれば、信長と光秀に確執は認められない。一級史料である宣教師の記述からすると、二人は合理的な性格で、相性も良かったはず。たしかに全国の統一事業が完成すれば、地方には飛ばされるでしょう（薩摩島津領とか、仙台伊達領のイメージです）けれど、それで将来を悲観する必要はないだろうし。黒幕説への反証としては、変後の光秀の行動を挙げれば十分です。朝廷にせよ、足利将軍にせよ、伝統的権威から命令を受けているのなら、それを声高に主張して、一人でも多くの味方を募るはず。でも彼はそれをしていない。ということは、黒幕なんて本当にいたの？

また、他の説を否定する以上に重要なのが、時代を支配していた価値観の検討であって、それこそが「下剋上」です。格式やタテマエが尊重されてきた日本社会に、とくに室町時代後期から、実力やホンネが台頭してきた。力のある下の者が、能力の乏しい上の者を倒す、というのが当時の風潮だったわけです。だったら、光秀がその例外である必要はない。光秀はたとえば松永久秀や荒木村重《むらしげ》らが謀反したのと同じく、今こそ好機だ！　と信長を襲った。それが実状だと思うのです。

加えて、光秀の背中を押したのが、前項で記した「四国出兵説」です。せっかく苦心して長宗我部家を説得してきたのに、いまさら武力討伐に方針を転換するだと？　私の面目は丸つぶれじゃないか。上様のやりようはひどすぎる……。そんな信長への不満が、いつもは心の奥底に秘めていた野望を一挙に燃え上がらせた。かくて光秀は軍を返し、京都本能寺を目指したのではないでしょうか。

# 第4章「戦国最強の武将」は誰か

## 最強の武将は信長でなく毛利元就？

歴史好きが飲みながら熱く語りあうテーマは数あれど、その代表といえば、「戦国大名の中で、だれが一番強かったか」にとどめをさします。

そりゃあ、軍神・上杉謙信だよ。司馬遼太郎は何という作品だったか忘れちゃったけれど、謙信と信玄のふたりは、世界の戦上手の五指に入る、と書いてたし。ええっ、そうかなあ。二人が戦上手なのはいいとしてさ、川中島の戦いは実質的には武田の勝ちでしょ。謙信より信玄じゃないかな？　いやいや、坂口安吾は信玄と織田信長が戦えば、総力戦で信長が勝つと書いていた。おれもそれに賛成。おいおい、もうちょっと局地的な戦闘にも目を向けてもらわないと。そうなると、立花宗茂《むねしげ》だろ。これ、最強！

もちろん、歴史学の論文になるような話では、もともとない。本当の戦争は、実際には悲惨で残酷なものでしょうけれど、それはちょっとこちらに置いておいて。お酒の勢いも借りた、他愛のない議論はとても盛り上がるわけです。

え？　ぼくは誰が強かったと思うか、ですって？　そうですね、そう尋ねられたときの答えは、実は決まっているんです。それはですね、えーと、毛利元就《もとなり》。ちょっと意外ですか？　元就って、謀略家のイメージが強くって、戦上手っていう印象がないだけど、それなりの根拠はちゃんと用意してあるんですよ。

戦いは多勢の方が有利。兵力差で圧倒すればするほど、勝利に近づく。それが基本です。だから戦国大名たちは、行政に励み、経済にも十分に留意して、一生懸命に国を富ませる。国が豊かになれば動員できる兵力が増大し、鉄砲も購入できる。補給路もしっかりする。これで軍勢は強くなる。

けれど、それが王道ではあるのですが、戦国大名は時として、「少ない兵で、大軍

◆代々小豪族だった毛利元就

希代の知将として知られる毛利元就の肖像（模本、東京大学史料編纂所蔵）。毛利氏は鎌倉幕府に仕えた毛利季光（すえみつ）に始まる。その父は幕府の草創に功績のあった大江広元で、相模国毛利荘を四男の季光に譲った。彼は父と異なり、武士としての人生を歩んだ。のちに宝治合戦（一二四七年）で妻の実家の三浦氏にくみし、戦死を遂げている。

を迎え撃つ」という事態に直面してしまうときがあります。まともに戦えば、勝てそうにない。この時に、彼は知恵をふりしぼり、勇気の限りを尽くして困難に立ち向かう。そして、ついには絶対的に不利な条件を覆し、勝利をつかむ。後世に名を残した大名には、そうした勲章を持っている人が少なくない。

有名なのは、桶狭間の織田信長です。今川義元を討ち取りました。それに河越城の夜戦の北条氏康。八千の兵で数万の上杉勢を蹴散らし、武蔵国を制圧しました。豊臣秀吉も木下藤吉郎の時代に、金ケ崎からの退却戦（浅井長政が裏切ったために、織田軍のしんがりとなって、朝倉勢と戦った）を成功させています。

こうした結果は、運も味方してくれないと実現できない。だから勲章は、あったとしてせいぜい一つ。桶狭間以後の信長が、必ず優勢な兵力を用意して戦いに臨んだことでも分かるように、やはり「少ない兵で、大軍に勝つ」というのは、邪道なのです。

ところが、人生で、三度、こうした戦いを勝ち抜いた大名がいる。勲章を三つももっている戦上手がいる。それが誰あろう、毛利元就なのです（というところで、次項に続きます）。

## 戦上手すぎる戦国武将、元就

前項で、戦国最強武将は毛利元就《もとなり》ではなかったか。その理由として、元就は兵力差で著しく劣る絶望的な戦いを、三度も勝利している、と書きました。

その一は、元就の初陣、「有田《ありた》中井手《なかいで》の戦い」です。中国地方に覇を唱える山口の大内義興は、十代将軍の足利義稙《よしたね》の政権を支えるため、長期間京都に滞在していました。これを好機として永正十四（一五一七）年、安芸随一の有力武将、佐東銀山城《さとうかなやま》（広島市）の武田元繁は独立を画策。周囲の土地に侵攻し、北上して大内方の有田城を包囲しました。二歳の当主、幸松丸《こうまつまる》の後見役を務めていた元就（二十歳）は千人ほどの兵力で有田城の救援（後詰め、といいます）に向かいます。対する武田方は四千人から五千人。又打川《またうちがわ》（山県郡北広島町）をはさんでの攻防の末、一斉に放たれた毛利隊の弓矢が、渡河を強行しようとした元繁を射貫きました。大将を失った武田勢は崩壊し、毛利の名は一躍有名になります。

その二は吉田郡山城の戦いです。毛利氏は有田中井手の戦いの後、いったん大内家との関係を解消して、山陰の雄、尼子氏の支配下に入った。ところが幸松丸が病没し

◆ 横死した西国の雄

大内義隆（一五〇七～五一）の肖像（模本、東京大学史料編纂所蔵）。義隆は防長二カ国の太守、義興の子。大内氏は日明貿易で利益を得、その城下町の山口は京都の繁栄を映すほどに栄えていた。中国地方の覇権を争って山陰の尼子氏と戦うが決着は付かず、やがて重臣の陶隆房（晴賢）の謀反によって滅ぼされた。

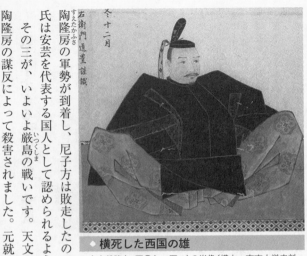

て元就が正式に家督を継ぐと、尼子と縁切りし、再び大内家と結んだのです。そうした経緯もあって、天文九（一五四〇）年、尼子詮《あき》久《ひさ》率いる三万の尼子軍が毛利家の本拠地、吉田郡山城（安芸高田市）を包囲します。元就は三千の兵で籠城し、巧みに用兵して三カ月を耐え抜きました。そこに大内義隆が派遣した二万の陶隆房《すえたかふさ》の軍勢が到着し、尼子方は敗走したのです。この戦いに勝利したことで、毛利氏は安芸を代表する国人として認められるようになります。

その三が、いよいよ厳島《いつくしま》の戦いです。天文二十（一五五一）年、大内義隆が重臣の陶隆房の謀反によって殺害されました。元就は当初、晴賢《はるかた》と改名した陶と協力し、佐東銀山城など現在の広島市周辺を占領、その地域の支配権を掌握しました。けれども やがて両者は決別し、存亡を賭けて戦うことになります。

陶晴賢が動員できる軍勢は三万余、対して当時の毛利軍の最大動員兵力は四千から五千。まともに戦えば勝算はありません。そこでいくつもの謀略を仕掛け、元就は陶軍の切り崩しを図っていきます。業を煮やした晴賢は弘治元（一五五五）年、自身で二万の大軍を率いて山口を出発、交通と経済の要衝である厳島を制圧するべく、この小島に上陸しました。これを好機とみた元就は奇襲を仕掛け、大軍ゆえに狭い島内で身動きの取れない陶軍を大いに破り、晴賢を自刃に追い込んだのです。

この戦いによって元就は山陽道の盟主の地位を手に入れます。やがて彼は尼子をも降して中国地方をまとめあげました。三度の圧倒的に不利な戦いを勝ち抜き、一介の安芸の国人から大大名に成り上がった元就こそは、戦国随一の戦上手といえるように思えるのですが、いかがでしょうか。

## 現代に通じる元就のリーダー論

毛利元就《もとなり》は多くの書状を残しました。そこには彼の心情が吐露されていて、まことに興味深く読むことができます。たとえばこんな具合です。

「わたしが兄の興元に死別し、毛利の家を預かって四十年あまり。そのあいだに大波小波、どれほどの転変がわが家や他の家を襲っただろう。その中で、元就一人がすべりぬけて、今こうして（中国の覇者として繁栄して）いる。これはまことに不思議なことだ。わたしは勇者でも屈強な者でもない。知恵才覚が人よりまさっているわけでもないし、正直で行いが清らかゆえに神仏の加護がある者でもない。凡人であるのに、このように生きながらえることができた。われながら、思いも寄らぬことだ（大日本古文書『毛利家文書』二―四〇五）」

かくも心の内を率直に明かしてくれる戦国大名は、他には見当たりません。

嫡男の隆元《たかもと》に対しては「わたしに対する親孝行と、神仏への信仰はまことにみごと」とほめておいて、今は「くだりはてたる世の中」なのだから「芸も能も慰めもいらず候。武略・計略・調略かたのことまでにて候（『毛利家文書』二―四一三）」と教え諭す。「武略、計略、調略」とたたみかけるところは、謀略の達人であった元就の面目躍如といったところですが、まあいかにもと言ってしまえば、いかにもな感じ。でも次の、小早川隆景《たかかげ》への教訓にはびっくりです。

「隆景どの、今のあなたには、理屈も法も戦略も必要ない。人の嫌がることを遠ざけ、人が良しとすることのみを行う、そうした愚直な生き方が肝要だ。このたびは残念なことに豊後の大友家との縁が切れ、また合戦になってしまったが、これこそ隆景どのの思う壺《つぼ》、とみんな言ってるそうだ。伊予への出兵もそうだ。隆景どのの差し金によるいくさ、と家臣たち皆がいっている。こういうことになるから、今のあなた

◆豊臣政権の重臣・小早川隆景

小早川家の菩提寺、米山寺（広島県三原市）に伝わる小早川隆景の肖像（模本、東京大学史料編纂所蔵）。豊臣秀吉は淀君が秀頼を産むと、甥の秀秋がじゃまになり、実子のない毛利輝元の養子に出そうとした。隆景はこれを知ると、毛利家を守るため自身が秀秋を養子にしたという。だがこれは作り話らしい。隆景は豊臣政権下での発言力を得るため、進んでこの縁組を進めたようだ。

には理屈も戦略も不要だ、と父は言うのだ。今まであなたは、自己の才能に任せて、諸事に関わってきた。しかしこれ以後は、けっしていたずらに策動をしてはならない。本分を守り、世上のことに軽々に関与せぬが良い（『毛利家文書』二―一五七九）」

隆景はいうまでもなく、元就の三男。元就の智略をもっとも良く受け継いだ、といわれていました。兄の吉川元春とともに本家の輝元（隆元の子。隆景の甥《おい》）を補佐し、羽柴秀吉と戦います。本能寺の変後はいち早く秀吉とよしみを結び、毛利家の繁栄を維持しました。秀吉から伊予一国、のちには筑前国を与えられて大大名となり、五大老の一人にも任じられている。まぎれもない「傑物」です。

その隆景に、元就は「自己の才能に溺れるな」、と忠告します。これはなかなか、言えないのではないか。学校もなく教師もいない中で、元就は実戦で鍛えられながら、こうした意見をもつまでに自己を磨き上げた。その思考は戦国という時代の水準を軽く飛び越えている。もしかしたら、現代の企業トップも務まるのではないか。そんな思いを抱かせるのが、老練な元就という人物なのです。

## 「イケメン武将」人気の源泉

趙雲《ちょううん》、字《あざな》は子竜《しりゅう》という武将をご存じでしょうか。中国の三国時代、関羽や張飛とともに蜀《しょく》の劉備《りゅうび》に仕えた勇将です。京劇でも人気が高く、石像や銅像が立てられています。

三国志の歴史ゲームの世界では、趙雲はかっこいい美丈夫の役どころ。だから、日本から三国志観光で中国を訪れるゲーマーは、あれ？　と首をかしげる。あちらでは趙雲は老将の扱いで、像も年配者として作られる。イメージが全然ちがうのです。ところが面白いことに、最近は中国にも日本のゲームが浸透している。ですから趙雲の像の前で、本場の中国の若者が、あれ？　と首をかしげるのだそうです。

さて、ゲームといえば、いま戦国大名をキャラクターとして戦うゲームが、たいへんに熱い。趙雲に匹敵するイケメンは真田幸村《ゆきむら》。それに伊達政宗、長宗我部元親《ちょうそかべもとちか》などが、なぜか女の子にも大人気です。戦略性を重視したり、逆にそういうものを思いきって捨てて人間ドラマを前面に押し出したり。各ゲーム会社の努力が熱気を掘り当てたのでしょうが、歴史研究者としては、内在していたマグマにもぜひ注目したい。

◆ 真田幸村のイケメン度

真田幸村の肖像画（長野県・上田市立博物館蔵）。イケメン幸村のイメージとだいぶ違いますね。だいたい幸村という名からして誤りで、正しくは信繁（のぶしげ）。『岡本文書』中の小山田茂誠（兄、信之の家老）あての書状（年欠二月八日付）には「病気になって、歯も抜けた」と情けない様子が……。ま、それを言い立てるのはヤボですけれど。

それは戦国大名と地域の密接なむすびつきです。

これは私の奥さん（中世史研究者、本郷恵子。あとで盗用したなどと家庭争議のタネになるとまずいので、明記させてください）の説ですが、地域社会という概念は戦国大名の登場とともに誕生した、という。

従来の有力武士は地域のケアに真面目に向き合わなかった。というのは領地が各地に分散して存在していたので、今年はA村、来年はB郷、その次はC谷と、全国に散在する別の土地から税をしぼり取ればよかった。けれど戦国大名は違います。今年も来年もその次も、同じ国を治めていかねばならない。今年ムリに生産物を徴集すると、土地も民も疲弊し、来年は税が取れなくなる。武力で脅したりすれば、農民は他国に逃げ出してしまう。これでは元も子もありません。

そこで戦国大名たちは、住民へのいわばサービスを開始します。堤防を築いて川の氾濫をふせいだり、農業用水を整備したり。税の徴収のシステムを定めて、法外な収奪を自らに禁じる。また税率をよそと比較し、あるいは天候に左右される作柄を考慮して、変えていく。他国への侵略も、飢えにあえぐ農民の食を確保する、という性格を帯びていました。こうして国ごとに、為政者と領民が対応する、新しい社会が生まれていったのです。

いま地方の都市を訪れると、お城が市民の憩いの場になっていて、そこにはよく、戦国武将の像が立っています。駅前に立っていることもありますね。青葉城の伊達政宗像とか、甲府駅前の武田信玄像は有名です。これって、象徴的な風景のように思えます。税を払わされたり、戦争に引っ張り出されたり。ずいぶんとひどい目にも遭っているだろうに、「おらが国」の殿さま、という意識が何らか語り伝えられている。だからこそ、彼らは現代の世でも親しまれる。そうした意識が基盤となって、ゲームのキャラクターとしての人気が沸騰しているのでしょう。

# 真田幸村に見る「男のかっこよさ」

慶長二十（一六一五）年五月七日、徳川の大軍はひたひたと、豊臣秀頼がこもる大坂城の中心部に迫っていた。大坂方の真田幸村《ゆきむら》（正しくは信繁《のぶしげ》）・毛利勝永《かつなが》らは残った兵力を結集し、徳川家康の本陣に向け、最後の突撃をこころみる。

正午ごろに開始された戦闘はたいへんな激戦となり、徳川方の本多忠朝《ただとも》（上総大多喜《おおたき》五万石）・小笠原秀政（信濃松本八万石）らが討ち死にを遂げる。混乱に乗じた真田隊は多くの敵陣を突破してついに家康本陣への突入に成功、三度にわたって猛攻を加えた。精強をもって鳴る三河以来の旗本隊は大混乱に陥り、栄光ある徳川の馬印が転倒、家康は騎乗して後退したほどであった。

だが周囲から駆けつけた援軍により、本陣は態勢を立て直し、真田隊を辛くも撃退する。疲弊した幸村は、松平忠直（越前七十五万石）の部隊によって討ち取られた。同日の深夜、大坂城は陥落。翌日、豊臣秀頼と淀君が自害して大坂の陣は終了する。

なぜ、かくも真田隊は活躍できたのか。即席の寄せ集めの部隊であったのに。私はその理由の一つとして、徳川の将兵の士気の低さがあったのではないかと考えている。

たとえば関ケ原の戦いは、日本全国が二つに割れて戦った。東軍と西軍、どちらが勝っても不思議ではなく、勝てば莫大《ばくだい》な恩賞を獲得できる一方、負ければ滅亡が待っていた。だから両軍は命がけで戦ったのである。

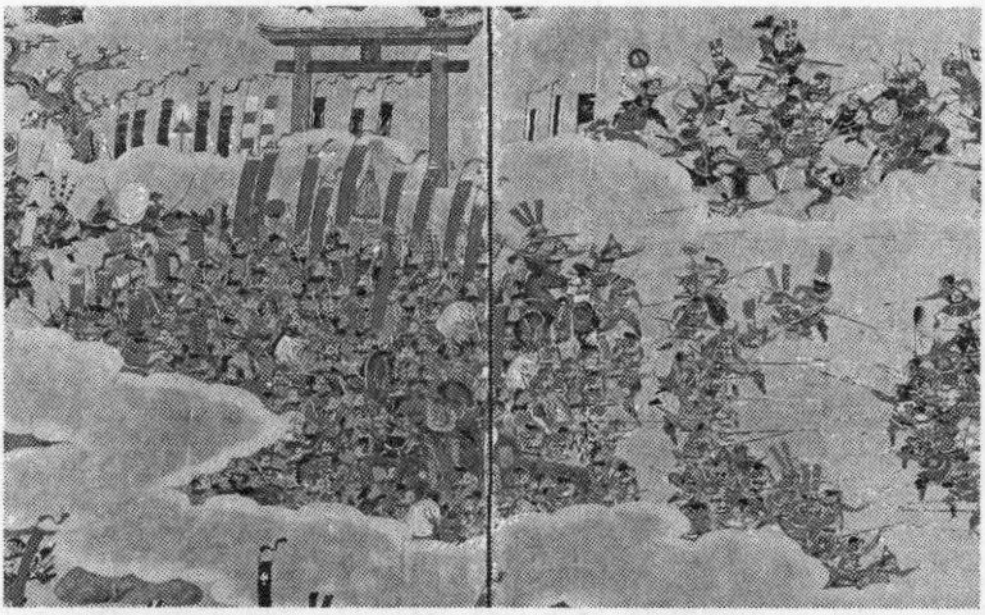

◆「真田日本一の兵」

赤備えの真田隊が描かれた大坂夏の陣図屏風(重要文化財)の一部分。初代福岡藩主、黒田長政の命で描かれたとされる。島津家の『薩藩旧記』は、幸村の奮戦を「真田日本一の兵、古よりの物語にもこれなき由、徳川方、半分敗北」と記している。彼への感嘆と称賛は、江戸時代に「真田神話」ともいうべき一連の物語を形成した。

ところが、大坂の陣は違う。勝敗は初めから決していた。大坂方に味方する大名は一人もいなかった。秀頼は六十万石余りの大名でしかなく、合戦で手柄を立てても、褒美はたかがしれている。こうした状況では、将も兵もまずは身の安全を図り、懸命に戦うことをしない。これに比して大坂方の主力は、失うもののない浪人たちであった。死にものぐるいで戦う彼らの前に、兵力や装備ではるかにまさる徳川方は苦戦を強いられた。

近年、真の徳川政権は関ケ原の戦いの後ではなく、豊臣家滅亡を待ってうち立てられた、とする説が提起されている。関ケ原から大坂の陣までの十数年は、江戸と大坂、二つの「公儀」が存在したとする。私はこの説には従えない。もし、江戸と大坂が優劣はあったとしても同レベルの政権と呼べるなら、大坂の陣は「大名VS浪人」ではなく「大名VS大名」、もう少し緊迫したものになっただろうし、真田隊の出番もなかったのではないか。

と、以上は研究者としての考察です。歴史マニアとしての感慨は違っていて、うーん、しびれるなあ、と。ずっと九度山《くどやま》（紀伊）で不自由な生活を送りながら、いざ鎌倉、という舞台で武将の本分を遺憾なく発揮する。小柄で穏やかで、前項でも記したように歯も抜けちゃっていたらしい。でも、見た目はさえないおじさんが、不遇にめげず、心の刃を研いでいた。浪人たちのハートをつかみ、彼らの協力を得て天下人・家康をあわや、というところまで追いつめた。これこそ本当の「男のかっこよさ」じゃないか、と思うのです。

## 戦国時代に「軍師」はいたのか

二〇一四年の大河ドラマ『軍師官兵衛』。黒田官兵衛は軍師だ、と捉えられていましたが、軍師ってそもそも何？

戦争を実行するに際し、必要な三つの要素は「戦術（Tactics）・戦略（Strategy）・兵站《へいたん》（Logistics）」であるといわれます。

毛利攻めの指令を受けた羽柴秀吉を例に取ります。目の前には播磨三木城がある。これをどう攻める？　力攻めか、裏切りを誘うか、兵糧攻めにするか。それを考えるのが戦術。三木城を落とすことが中国地方の制圧にどういう意味をもつ？　時間を掛けても東播磨を掌握して対毛利戦の前線基地にするか、三木城に対応する適当な兵を割いて西進を急ぐべきか。それを考えるのが戦略。羽柴軍の兵をどこでどう募り、彼らをどうやって食べさせる？　それを考えるのが兵站、です。

お隣の国の劉邦（ＢＣ二五六？～ＢＣ一九五）が覇王・項羽を打ち破って漢帝国を打ち立てたとき、大きな功績があった三人を「漢の三傑」と呼びます。韓信と蕭何《しょうか》と張良。韓信は兵を率いて敵と戦う、すぐれた将軍です。「戦術」の担当。蕭何は民を

◆軍師？ 官兵衛

黒田官兵衛を語る際には必読のサイト、本山一城氏の『黒田武士の館』(http://www.geocities.jp/kazzuki2001/)によると、官兵衛の肖像画は四種類に分けることができるという。これがそのどのパターンに属するのか、残念ながらよく分からない。官兵衛と黒田長政を顕彰する光雲(てるも)神社(福岡市)所蔵の一枚の模写である(東京大学史料編纂所蔵)。

治め、安定した税収をもたらす名宰相。これは「兵站」の係です。そして張良は「謀《はかりごと》を帷《い》幄《あく》のなかにめぐらし、千里の外に勝利を決する」(劉邦の評価)。漢軍の「戦略」を支えた人。いうなれば、彼こそが軍師です。

漢帝国が滅亡に瀕《ひん》すると、曹操(一五五~二二〇)が台頭し、「三国志」の時代がやってくる。この時代を描写する『三国志演義』の世界では、軍師たちが大活躍。曹操に仕えた荀彧《じゅんいく》・郭《かく》嘉《か》・司馬懿《しばい》。袁紹《えんしょう》に仕えた田豊・沮授《そじゅ》。孫権に仕えた魯粛。それに何といっても、劉備に仕えた諸葛亮。ファンなら、これくらいの人名を並べるのは朝飯前ですね。彼らの共通点は、本質的には「文官」であること。軍の指揮権を与えられて、彼ら文官の指揮のもとに何人もの将軍（むろん武官）が配置される。早くも「文民統制」が姿を現している、と考えられます（まあ、この辺の解釈は、三国志マニアからは厳しく批判されるでしょうけれど）。

日本における軍師ってなに？　というと、実は戦国時代を含む中世には、この言葉は史料に現れません。江戸時代、三国志などが講談で人気を博するにあたり、「では、わが国では、諸葛亮の役どころは誰なんだ？」という問いかけがなされ、その中で竹中半兵衛、黒田官兵衛らの活躍に光が当てられた。また、「〇〇流軍学」の隆盛から、武田家の山本勘助、上杉家の宇佐美定行などが登場してきた、というわけです。でも彼らは基本がみな「武官」。張良や諸葛亮とは、本質的に異なるんですね。

じゃあ、官兵衛って軍師じゃなかったの？　厳密には、「そうです」と言わざるを得ません。関ケ原の戦いの時に、彼は兵を率いて九州を席巻しますが、その様子は軍師というより将軍、きわめて優秀な軍事指揮官と評するにふさわしいのです。でも一方で、中国地方を攻めていた頃から羽柴秀吉に種々の助言をしたことはあったでしょうから、まあ、日本的な軍師、としておきましょう。

# 第5章　武将たちが残した人生哲学

## 主従関係を決めたもの

豊臣秀吉から近江水口《みなくち》四万石を与えられた石田三成は、その半分の二万石をさいて島左近を召し抱えた、というエピソードがあります（『常山紀談《じょうざんきだん》』）。島左近は名を清興《きよおき》といい、大和の筒井家に仕えて「左近・右近」と称された有名な侍大将でした。もう一人の右近は松倉重信で、彼の子の重政はのちの肥前島原藩主。苛酷な取り立てとキリシタン弾圧を行って、島原の乱を引き起こした人物です。

ただし、調べてみると、これはどうやらフィクションらしい。まず三成は水口城主にはなってない。また左近が石田家に仕官した時点で、すでに三成は近江佐和山十九万石を得ています。三成が左近を厚く遇したので、こういう話が出来上がったのでしょう。

似たような話は、もう一つあります。渡辺新之丞《しんのじょう》という豪傑がいて、十万石くれなければ仕官はしないと公言していた。いくら豪傑でも十万石はあり得ませんから、要するに「もう宮仕えはごめんです」という事実上の引退宣言ですね。いろいろなところから誘いはあったのですが、みな「十万石に足らない」と断っていた。ところがこの新之丞が、たった五百石取りの若き日の三成の家来になった。

驚いた秀吉が三成に尋ねます。どういう手品を使ったのだ？　三成はすまして答えます。いやなに、わたしが将来百万石の大大名になった暁にはおまえに十万石やるから、と約束して、召し抱えたのです。ほう。では今のところはどれほどの禄《ろく》を与えて

## ◆ その後の石田三成一族

石田三成の肖像画（模本、東京大学史料編纂所蔵）。青森県の杉山家に伝来した肖像画を模したもので、現存する三成の肖像の中では最古とされる。三成の次男である重成は杉山源吾を名乗り、弘前の津軽家に重臣として仕えた。津軽家は二代藩主信枚が三成の娘、辰姫（秀吉正室、高台院の養女）を妻としてもおり、三成の血は津軽家に受け継がれている。徳川幕府が三成の血筋を断とうとしていない点は注目に値する。
津軽信枚は三成の娘である辰姫を妻としていたが、慶長十八（一六一三）年、徳川家康の養女（異父弟の娘）満天姫（前夫は福島正之）が嫁いできた。信枚は辰姫を側室に改め、上野にあった津軽領に居住させた。やがて辰姫にも満天姫にも男子が生まれたが、信枚は三成の血を引く信義を後継者とし、幕府もそれに対して反対をしなかった。

いるのだ？　五百石です。ええっ、それはおまえの俸禄《ほうろく》のすべてではないか。はい。ですからただいま、わたしは渡辺の家に居候をしております。

こののち出世した三成がいくら加増しようとしても、殿が百万石の大名になったときに十万石いただきますから、と新之丞は五百石のまま奉公し、関ケ原の戦いで奮戦し、討ち死にを遂げたそうです。この話ももちろん史実ではないでしょうが、家来を大事にする三成の様子を描いていて興味深い。関ケ原の戦いにおける石田隊の戦いぶりは凄《すさ》まじいものでしたから、三成は本当に良い主君だったのかもしれません。

この新之丞、『佐和山落城記』という史料には、関ケ原から落ち延びる三成に付き従う家来の一人、渡辺勘兵衛としてでてきます。渡辺勘兵衛といえば、もう一人有名な豪傑がいた。槍《やり》の勘兵衛とうたわれ、さまざまな合戦で武功を立てた渡辺了《さとる》です。

こちらの勘兵衛、実に転々と主家を変えている。生国近江の阿閉貞征《あつじさだゆき》を振り出しに、羽柴秀吉、中村一氏《かずうじ》に仕える。秀吉の小田原攻めに際しては伊豆の山中城の戦いで一番乗りの手柄を立てるも、恩賞が少ないと中村家を出奔し、増田長盛の重臣となる。関ケ原の戦いの後に増田家が改易《かいえき》されると、伊勢の大大名、藤堂高虎《たかとら》に仕え、二万石という破格の待遇を受けます。でも、結局ここも辞めて、浪人のまま京都で没しました。

江戸時代には「忠臣は二君にまみえず」「君、君たらずとも臣、臣たれ」などと堅苦しいことを言いますが、それ以前の主従関係では、主人と家来の人間的な結びつきが、決定的な意味をもっていたようです。

## 「殉死ノート」と真の侍とは

前項で、石田三成が島左近（清興）を厚遇した話を書きましたが、「治部少《じぶしょう》（三成）に過ぎたるものが二つあり　島の左近に佐和山の城」という歌が残っています。そして、これとそっくりなものが、次の歌。

「家康に過ぎたるものが二つあり　唐のかしらに本多平八」

本多平八とは、徳川四天王の一人、平八郎忠勝（一五四八～一六一〇）。みごとな戦いぶりを見せた彼を、敵方の武田勢が称賛したのです。「唐のかしら」とはヤクの毛を飾りに使った兜《かぶと》ですが、家康個人の兜としては、このタイプは現存してないいんじゃないかな。

忠勝の名は、徳川家中随一の勇将としてあまりにも有名です。鹿の角をあしらった兜に、肩から大数珠をさげた漆黒の具足。名槍《めいそう》「蜻蛉切《とんぼきり》」をかいこみ、名馬「三国黒《みくにぐろ》」にまたがって五十回を超える戦いに参加し、一度も傷を負うことがなかった。信長にも秀吉にも賛辞を贈られた彼は、生きながら半ば伝説となっていた、といっても過言ではないでしょう。

その彼が、真の侍とは、と語りのこしています。特別な手柄を立てる必要はないのだ。どんなときにも挫《くじ》けず、主人が立ちゆかなくなったら、枕を並べて討ち死にする。それが侍である、と（『本多中書《ちゅうしょ》家訓』）。思いもしないようなことが起きる、肉親ですら信じられない。それが乱世です。清く正しく生きても、懸命にがんばっても、武運つたなく挫折することはあったでしょう。そんな時、夢破れた主人につきあい、

◆本多忠勝の実像

鹿角の兜に漆黒の具足を付けた本多忠勝の肖像（模本、東京大学史料編纂所蔵）。忠勝は関ケ原の戦いののち桑名十万石に封ぜられ、その嫡流は岡崎五万石の大名として明治維新を迎えた。この画の原本は同家に伝わったもの。描かれている漆黒の具足は今に伝わっていて、それをもとに計測すると、豪勇をうたわれた忠勝は小柄であったともいう。

関ケ原の戦いにおいては、井伊直政とともに軍監（軍目付）として、また外交官として活躍した。ただし本多家の兵隊は子息の忠政に率いられて徳川秀忠軍に属していたため、関ケ原の本戦に参加していない。直政の方が褒美が大きい（高崎十二万石から佐和山十八万石へ。井伊隊は関ケ原で戦っている）のはそのためだろうか。

何も言わずに一緒に死ぬ。それが侍の忠誠だというのです。深い言葉のように感じられません か。

　これと関連して思い出すのが、備前の大名、宇喜多直家（一五二九〜八二）のエピソードです。この直家、ともかくズルがしこい。寝首を掻《か》く、狙撃する、裏切る。きたない手段を使いまくって、一代で身を起こしました。

　さて、悪行三昧の彼にも、最期の時がやってきます。病（大腸がんのようなものか）を得て、余命幾ばくもないと悟った彼は、何をしたか。主だった家来を一人ずつ病床に呼び寄せ、お前は私と一緒に死んでくれるよな？　と殉死するよう、プレッシャーをかけたのです。その結果として、はい分かりました、とOKした人の名を記した「殉死ノート」を作成し、肌身離さずもっていた。

　最後に呼ばれたのが、第一の家来、戸川秀安。もちろんこいつは、喜んでお供してくれるものと思っていたところ、「遺《のこ》された若君（のちの秀家。豊臣五大老の一人）をお守りする責務がありますから」とにべもなく断られた。オイ、それはないだろう、と再考を促すと、「私はいくさ働きには自信がありますが、あの世への道案内はとんと不得手です。私などより、お坊さんをお連れになられたらいかがでしょう？」とあくまでもつれない返事。しょげかえった直家は、「殉死ノート」を破り捨ててしまった(『武将感状記』)。秀安があんなこと言うんだから、こんなもの、信用できるか！と思ったのでしょう。梟雄《きょうゆう》も最後は一人ぼっち、というお話。こちらは何だか、とっても切ないですね。

## 国盗りマムシの辞世の歌

前項で宇喜多直家に言及しましたが、「梟雄《きょうゆう》」つながりで斎藤道三《どうさん》を取りあげてみましょう。司馬遼太郎の名作『国盗り物語』前編の主人公で、大河ドラマにも取りあげられましたので、その名をご存じの方はたくさんいらっしゃると思います。

京都西岡生まれの彼は、はじめ妙覚寺の僧侶であり、ついで松波庄九郎と名乗って富裕な油問屋に婿入りする。やがて行商に出た美濃国に目を付け、武士として立身していく。陰謀によって政敵を葬り、時に恩人をも殺害し、西村勘九郎・長井新九郎・斎藤新九郎と名を変えるたび、目ざましい出世を遂げていく。ついには守護の土岐頼《ときより》芸《あき》を追い出して、美濃の国主、斎藤道三になりおおせる。『美濃国諸旧記《みののくにしょきゅうき》』という本に依拠した以上のストーリーは、「油商人の国盗り」として、下剋上の代表とされました。

ところが史実は、これとは多少異なるらしいのです。永禄三（一五六〇）年七月の「六角承禎条書写《ろっかくじょうていじょうしょうつし》」という古文書は、近江国の守護、六角承禎が家臣に宛てたものですが、そこには次のような内容が記されています。

○斎藤道三の父の新左衛門尉《しんざえもんのじょう》は、京都妙覚寺の僧侶であった。
○新左衛門尉は西村と名乗り、美濃へ来て長井弥二郎に仕えた。
○西村新左衛門尉は次第に頭角を現し、長井新左衛門尉となった。
○新左衛門尉の子は長井家の惣領《そうりよう》を殺し、斎藤を名乗った。これが斎藤道三である。

◆ **梟雄の風貌**

岐阜市の常在寺に伝わる斎藤道三の肖像（模本、東京大学史料編纂所蔵）。マムシというには品の良い顔に見えるのだが……。道三の諱（いみな）は、はじめ規秀。のち利政。物語では「秀龍」という名が知られるが、史料では確認できない。娘を織田信長に嫁がせ、「うつけ」と呼ばれていた彼の才能をいち早く見抜いたともいわれる。

つまり、国盗りは道三ひとりの事業ではなかったのです。親子二代で成し遂げたことだった。それでも道三父子は、たった二代で美濃を奪い取ったことに間違いありません。この文書で、そのウラが取れるのです。いかに下剋上の世とはいえ、こんな事例はほかに見られません。

稲葉山（岐阜）に居城を構え、北は越前の朝倉、南は尾張の織田と戦い、近隣諸国から「美濃のマムシ」と恐れられた道三でしたが、その最期は悲惨なものでした。おとなしく隠居していればいいのに、跡取りの義龍と不和になり、その親子げんかは合戦にまで発展したのです。弘治二（一五五六）年四月、長良川河畔での戦いに敗れ、道三は戦死しました。享年は六十三と伝わります。

捨てだに　この世のほかはなきものを　いづくかつひの住み家なりけん

明日の戦いで自分は死ぬだろう、と覚悟した道三は、子供たちに遺言状を書き、末尾にこの歌を書き記しました（『妙覚寺文書』）。ぼくはこの歌がとても好き、いや好きというのとはちょっと違うな、とても気にかかるのです。この遺言状の他の箇所で、道三は末子に、妙覚寺に赴き出家せよ、と指示している。一人が出家すれば、一族みなが浄土に転生できるのだ、と当時ならいかにもありそうなことを書きながら、彼はそこで筆を置くことができなかった。「命を捨ててしまえば、この世のほかに世界はない。人のついの住み家はどこにあろう。そんなものはないのだ」。この歌は現世に、異様なまでの執着を見せています。それが、道三という人だったのです。

## 斎藤義龍はなぜ名を変えたか

小谷野《こやの》敦《あつし》さんの『名前とは何か　なぜ羽柴筑前守は筑前と関係がないのか』（青土社）は読んでいただけたでしょうか。名前について端的にまとめられているので、ぜひ。で、ここでは、そこには触れられていない戦国時代の名前を二、三、小ばなし風に取り上げてみようと思います。

越前の守護大名といえば朝倉氏ですが、その初代の人物で、十七カ条の家訓を残したとされるのは？　答えは朝倉孝景《たかかげ》なのですが、この方、時に敏景《としかげ》とも呼ばれる。どうしてかというと、曾孫《ひまご》に孝景（有名な義景《よしかげ》の父）がいて紛らわしいから。初代孝景ははじめ敏景、次に教景《のりかげ》、それから孝景と名を変えている。そこで彼を敏景と呼んで区別した。曾孫の孝景は曾祖父をリスペクトし、その名を継いだ。また、初代孝景の子の一人が父のもう一つの名、教景を継いだ。これが朝倉家の名将として名高い宗滴《そうてき》です。とてもややこしい。

先祖にあやかっての命名というと、伊達政宗。本来は室町将軍の名の一字を賜《たまわ》るはずが、足利義昭《よしあき》が有名無実になっていたので、昭宗とは名乗らず、伊達家中興の祖とたたえられた政宗（一三五三〜一四〇五）の名を受け継いだ。

毛利元就《もとなり》の筆頭家老に福原貞俊《さだとし》がいます。元就死後は輝元《てるもと》を補佐し、吉川元春《きっかわもとはる》、小早川隆景《たかかげ》、口羽《くちば》通良《みちよし》とともに四人衆と称されました。貞俊の父は広俊《ひろとし》なのですが、祖父は貞俊で、曾祖父がまた広俊。貞俊の子供は元俊《もととし》で孫は広俊（関ケ原で徳川家康に内通）。その子が元俊で孫がまたまた広俊。何でしょうね、この家は。江戸時代は家老で一万石あまり。幕末に登場する福原越後は、この家の当主です。

美濃の斎藤道三は跡取りの義龍《よしたつ》（一五二七〜六一）と抗争して戦死するわけですが、はれて美濃の国主になった義龍は、なぜか、一色左京大夫《いっしきさきょうだゆう》を称します。母が丹後の守護を務めた一色家の出身というのが理由だったようですが、こんな例は他にありません。斎藤氏は藤原氏。一色氏は足利の一門ですから源氏。姓《かばね》まで変わってしまっている。義龍の子が龍興《たつおき》（一五四八〜七三）ですが、彼も一色義棟《よしむね》などと称していた。しかも側近の日根野《ひねの》弘就《ひろなり》には延永《のぶなが》を名乗らせている。延永というのは一色家の守護代を務めた名家ですから、一色への改称は相当に本気だったのでしょう。

なぜ、そんなことをしたのか。武士は元来、「家」を何より大事にするはずなのに。考えられる理由が、一つあります。推測するに義龍は、父の斎藤道三を殺害したことに、深刻な後ろめたさを感じていたのではないでしょうか。だから、斎藤の名を用いることに強烈な抵抗をおぼえた。そうは考えられないでしょうか。下剋上の世とはいえ、やはり親殺しはきわめて特殊な振る舞いだったに違いありません。

◆二代目美濃のマムシ

岐阜県常在寺に伝わる斎藤義龍の肖像(模本、東京大学史料編纂所蔵)。土岐頼芸の愛妾(あいしょう)を道三が譲り受け、ほどなく生まれたのが義龍である。だから義龍は道三の子ではなく、頼芸の子である、とする説がある。ただし、これは後年の創作のようで、すくなくとも義龍が「土岐」を名乗った形跡はない。

彼は戦国大名として十分に有能であったといわれ、子の龍興もその賢さをルイス・フロイスに賞賛されている。

## 「父権」の強さを示す裁判記録

前項で取りあげた美濃の斎藤義龍《よしたつ》は、父の「マムシ」道三《どうさん》を討ったことを相当気に病んでいたのでは、と推測しました。すきあらば主人に取って代わり、親兄弟も信用ならないイメージのある戦国時代、何をいまさらと思わぬではありませんが、そのあたりをもう一度考えてみましょう。

調べてみると、兄弟と争い、殺害にいたった戦国大名は少なくない。三好長慶《ながよし》、毛利元就《もとなり》、今川義元、織田信長、伊達政宗、斎藤義龍などです。戦国時代ではありませんが、鎌倉幕府を開いた源頼朝は軍事に傑出した義経を、室町幕府を興した足利尊氏は行政を委ねていた同母弟の直義《ただよし》を滅ぼしています。

兄弟はすぐに、現当主に取って代われる。すぽっと入れ替えがきいて、すわりがいい。だから、もっとも手ごわいライバルになる。野心家の家来が周囲にいると、この弟君に家督を奪ってもらえればオレたちも出世できるぞ、などと考える。家臣たちを巻き込んで、兄弟の争いは家中を二つに割ってしまう。

こうなると家の権勢自体に深刻なダメージが生じるので、たとえばオスマントルコなどでは新しい皇帝が立つと、その兄弟はみな殺す、という苛烈な措置が取られました。

兄弟の争いに比べると、父を害した例はさほど多くない。大友宗麟《そうりん》、伊達政宗、斎藤義龍くらいでしょうか。ただし、宗麟と政宗の場合は事故ともとれる。正面から父と敵対し、これを討ち取ったのは義龍だけです。上皇（天皇の父）による院政や、徳

◆ 政宗は父を殺したのか

伊達家菩提寺として知られる瑞巌寺（宮城県松島町）に伝わる伊達政宗の肖像（模本、東京大学史料編纂所蔵）。二本松城（福島県二本松市）城主の畠山義継（よしつぐ）は、政宗の父の輝宗（てるむね）を拉致し、城を目指して逃走した。一行を追跡した政宗（数え十九）は、阿武隈（あぶくま）河畔で追いつき、一人残らず殺害した。自分もろとも義継を撃てと輝宗が命じた、政宗の父殺しの陰謀だった等々、解釈は分かれる。

遺骨の調査によると政宗の身長は一五九．四センチ。鍛錬された、頑強なからだであったという。

川家康の大御所政治を思いおこしてみても、やはり伝統社会においては「父権」は強大だったに違いありません。その父を手にかけてしまった。義龍は世間からの非難を恐れたのでしょう。

鎌倉時代にこんな裁判があります。父Aから土地を譲り受けていた娘が、Aに先立って亡くなった。娘の夫Bは土地を娘の遺児に与えようとしたが、Aは土地を取り戻し、他の子供に譲ってしまった。それはひどい、とBが舅《しゅうと》であるAを訴え、幕府法廷の判断を求めます。すると幕府は何と言ったか。いったんは子供に与えても、父はその土地を無条件で取り戻すことができる。こうした行為を「悔い返し」というが、悔い返しの有効性は幕府の根本法典である『御成敗式目《ごせいばいしきもく》』第十八条、二十条、二十六条に明らかだ。だからこの場合、Aのしたことは法理にかなっている。

現代ならばたとえ親子間であっても、ひとたび所有権が移転してしまえば、勝手に取り返すわけにはいきません。ところが武士社会では、取り戻せる。父親の権力がそれだけ強力だったのでしょう。

当時の社会は一夫多妻ですから、有力な武士にはたくさんの子がいて、その子供たちが何とか家督を継ごうとさまざまに活動し、父にアピールする。生き残りをかけての、熾烈《しれつ》な競争です。

一方で江戸時代には、とりあえず長男が家を相続する、というかたちが定着しました。家の継承において、一定のルールが確立した。相続についても戦国時代が終わり、無益な争いが避けられるようになったのです。

## 微弱な公権力と仏の威光

前項では、強力な父親の「悔い返し」権のお話を致しました。せっかく、悔い返し、という現代ではなじみのない言葉を持ち出しましたので、もう一回この概念をテーマに、中世特有の法理をご紹介したいと思います。

鎌倉幕府が滅び、足利尊氏《たかうじ》が室町幕府を創設する頃、広島県の瀬戸内海沿岸に勢力をはる、小早川景宗《かげむね》という有力な武士がいました。戦国時代の小早川隆景《たかかげ》・秀秋《ひであき》の直接のご先祖様です（隆景・秀秋は養子ですので、血はつながっていませんが）。景宗は家督をつぐ際に、一族間の争いから、本領である安芸都宇竹原庄《あきつうたけはらのしょう》（広島県竹原市）を幕府に収公《しゅうこう》される、という憂き目にあいました。幕府は同庄を鎌倉五山の第一、建長寺に寄進してしまいましたので、事態はさらに面倒になります。

彼は辛抱強く、本領を返してくれるよう幕府に働きかけました。すると幸いなことに、幕府は鎌倉時代末、収公の措置は誤りであったと認めてくれました。都宇竹原庄を小早川家に返すこと、建長寺には代替地を与えることを約束したのです。

けれどそれが実現しないうちに、肝心の幕府が滅びてしまいました。鎌倉幕府の滅亡・建武政府の成立です。そこで景宗はいち早く足利尊氏に忠誠を誓って各地を転戦し、その功績として都宇竹原庄の支配権を獲得します。

ところが今度は、建長寺が首を縦に振りません。代替地が示されていないのですから、納得できぬのもうなずけます。それで両者は、新しく樹立された幕府の法廷で対決することになりました。

◆ 小早川家のその後

広島県三原市の仏通寺に伝わる小早川隆景の肖像（模本、東京大学史料編纂所蔵）。小早川家には有力な二つの家があった。本家筋の沼田小早川と、景宗の竹原小早川である。この画像の隆景はご存じのように毛利元就（もとなり）の三男。まず竹原小早川に入り、そののち沼田小早川の姫（のち問田の大方と呼ばれる）を妻として、こちらの系統の後継ぎにもなった。

小早川家は同家と都宇竹原庄の深い関係を立証する文書を、証拠として提出します。一方の建長寺は、これに対抗するものとして、たった一つの法理を主張しました。それがこれ。「仏陀《ぶつだ》施入《せにゅう》の地、悔い返すべからず」。ひとたび仏に寄進された土地は、悔い返すことができない、というのです。

客観的な証拠文書と、法理の戦い。文書は幕府が作成した正式な物的証拠。法理は慣習として根付いていたとはいえ、成文法としてはどこにも明記されていない。小早川一族が足利将軍家のため、命がけで戦ってきたという特殊な事情もある。現代の私たちから見ると、小早川家の圧勝のように思える。ところが、幕府はものすごく悩むのです。長い審理の末に、景宗は辛くも勝訴をつかんだようです。

この裁判から学ぶべきは、仏陀施入の地は悔い返すべからず、という法理が、いかに当時、社会に根深く浸透していたかでしょう。中世の公権力は基本的に微弱である。だから公権力が保証するところの「所有権」が確立しきれていない。そのため、悔い返し、などという行為がしばしば起きる。たとえば、借金棒引きを意味する「徳政令」。これも悔い返しの一種です。

そうした社会の中にあって、仏はその威光を根拠に、悔い返しを拒否します。そしてそれが広く社会で認められていた。ううむ、やはり今も昔も仏は特別。畏《おそ》るべき存在だったに違いありません。

## 松永久秀らしい激しい手紙

ここに一通の文書があります。読み下すと以下の如くになります。

御状披見せしめ候。仍《すなわ》ち、高槻の田舎衆のこと承り候。さようの由、こらへもなき衆は、此の方にはいやにて候。また、敵には色々調略の由、ことに立たざる衆、敵へ出で候分にては、指したる事あるべからず候。近国の敵味方よく存知せしめ候間、気遣いもなきことにて候。恐々謹言。

十一月九日　久秀（花押）

寺上　松二兵　これを進め候

ふんいきを損なわぬように訳すと、次のようになります。

お手紙拝見。高槻の田舎者のこと、確かに承った。そのようにこらえ性のないやつら、こちらとしては、いやだ。敵が調略しているそうだが、ものの役に立たぬやつら、敵になびいても、たいしたことはない。近国の敵・味方の実力はよく知っているので、気遣いは無用である。

高槻の田舎者、とありますが、少し前の畿内の覇者、三好長慶《ながよし》が居城として用いた芥川城は、現在の大阪府高槻市にありました。田舎なんてとんでもない。生産力の高い摂津国。その中心である高槻は、京都にも近く、とても栄えた地域だったのです。それを田舎呼ばわりするのは、文書の書き手の「高槻にくし」のあらわれに違いありません。

書き手は高槻の勢力を味方に加えようとした。ところが、うまくいかなかった。報告を聞いて書き手はたぶん激怒したのでしょう。あんなやつら、こちらから願い下げだ！　ふつう文章にすればそれなりに抑制がきく。ところがこの文書は、悪意に満ちている。それにしても「いやにて候」とは……。こんなに率直な書状を、私は他に知りません。

書き手の名は、梟雄《きょうゆう》として名高い松永久秀。生まれは永正七（一五一〇）年頃。出生地は不明。三十歳で三好長慶に仕えたといいますが、それまで何をしていたのか分からない。三好家で急速に頭角を現し、家老職に就任。畿内における長慶の覇権を支えました。やがて長慶が病死すると独立し、三好氏の残党と抗争をくり広げます。織田信長が上洛してくると、いち早く臣従して大和一国を与えられました。

信長は久秀を高く評価し、こいつは三つもすごいことをしてのけた、とみんなの前で言いました。一つ。主人（長慶の子の義興）を殺した。二つ、将軍（十三代、足利義輝）を殺した。三つ。東大寺の大仏を焼いた。おれの及ぶところではない。

◆ **松永久秀の最期**

松永久秀の肖像画は残っていないので、明治時代に描かれた芳年（よしとし）の絵（静岡県立中央図書館蔵）を。一般には信長が所望した茶釜（ちゃがま）「平蜘蛛（ひらぐも）」に爆薬を仕掛けて爆死したというが、この絵では柱にたたきつけて、こなごなに破壊している。これもまた、梟雄久秀らしい最期である。

でも、久秀の方は信長からの自立をひそかに画策し、味方を募っていました。この書状はその頃、天正元（一五七三）年に書かれたらしい（小和田哲男『戦国武将の手紙を読む』中公新書）。

そうであるなら、なじられた「高槻の田舎者」とは、あの高山右近と父の友照ということになります。でも、反逆はうまくいかず、織田の大軍に包囲された久秀は、自害して果てるのでした。

# 第6章 執権北条氏、粛清政治の手法——戦国前夜①

## 平清盛は「TPP賛成派」？

源頼朝は、京都からやってきた事務官が贅沢《ぜいたく》な服を着ているのを見て、しかり飛ばします。千葉常胤《つねたね》や土肥実平《さねひら》は広大な土地を支配しているが、その暮らしは質実そのものだ。おまえは教養があってものの道理を弁《わきま》えているはずなのに、なぜ無駄な贅沢をするのか！（『吾妻鏡《あづまかがみ》』元暦元年十一月二十一日）

鎌倉幕府においては、「土地＝不動産」は特別の価値をもっていました。不動産をあつかう業務は「所務沙汰」、動産をあつかう業務は「雑務沙汰」と、明瞭な区別があったのです。人間は土地に根ざし、しかも質実剛健に生きる。頼朝の怒りは、そうした社会のリーダーとしてはもっともです。でも、あまり「質素、それに倹約」ばかりをいわれると、世の中は萎縮してしまう。文化はちっとも進展しません。

その正反対が、同じ頃に出現した上皇（天皇が譲位して上皇になる）による院政。上皇は湯水のように金銭を使った。贅沢きわまりない。頼朝は怒るでしょうけれど、おかげで日本の経済が活性化されたことも事実です。今でいえば、公共事業の功罪、という問題になるのでしょうか。

源頼朝と上皇と。その間に位置するのが、平清盛です。清盛は瀬戸内海を整備して、船舶が安全に航行できるようにしました。

彼が本拠を置いた福原（神戸）の外港である大輪田泊《おおわだのとまり》から出発した船は、外洋に比べれば波の穏やかな瀬戸内海を進み、平家一門から篤《あつ》い尊崇《そんすう》をうけた厳島を経て、日本列島の玄関口である博多に到着します。博多には中国大陸の人や朝鮮半島の人が盛んにやってきていて、正式な国交は開かれていないものの、活発な交易が行われていました。そこは、鎌倉幕府とは異なり、「物品＝動産」中心の空間だったのです。

清盛というと、どこまでも広がる大海原、そして明るいイメージがぼくにはあります。限定的な土地を奪

◆ いかつい平清盛

戦前、いかつく狡猾（こうかつ）なイメージで描かれた平清盛（『国史画帖大和桜』昭和十年刊より）。衣の下には鎧がのぞく。戦前の清盛は、後白河法皇を幽閉した、とんでもない悪人、というイメージであった。また貴族（藤原行長）によって書かれた『平家物語』も、彼を成り上がりの傲慢な男として描いている。

い合う東国の源氏。だから源氏は父と子、兄と弟、叔父と甥がたがいに争い、殺し合ったのでしょうか。畳の上では死ねない、凄惨《せいさん》なイメージが源氏にはある。一方で、中国大陸との交易で富を獲得する平家には、深刻な内輪もめがない。清盛も多くの弟たち、子供たちを率い、一家の大黒柱として奮闘する。

そういえば、「平治の乱」ののち、源氏の次代の棟梁《とうりょう》である源頼朝（当時十三歳）が生け捕りにされ、連行されてきた。すると清盛は、なんと頼朝の命を助けてしまうのです。ものはついでで、で頼朝の弟たち、のちの範頼や義経も生かしている。そんな彼ですから、おおらかであたたかな人だったに違いありません。

清盛の政権はほんのわずかで崩れてしまいますが、その構想を本格的に実現したのは、鎌倉幕府の次に出現した京都の室町幕府でした。堺と博多をむすぶ瀬戸内海が日本の政治・経済の大動脈となり、東アジア諸国と交易を行う。さまざまな品物がもたらされ、日常生活は一挙に豊かになります。そんな日本を、清盛は夢見ていたのでしょうか。

## 執権北条氏、その陰険さの謎

私が時代考証を務めた大河ドラマ『平清盛』。第三部では京都の平家一門が全盛期を迎える一方で、源氏はつらい雌伏の時を過ごします。とくに伊豆の頼朝は、二十年に及ぶ流人生活を送っている。

脚本家の藤本有紀さんは「昨日が今日なのか、今日が明日なのか、まるで分からない毎日」とみごとな描写をしていますが、本当によくぞ耐えたものです。いつ終わるか分からない臥薪嘗胆《がしんしょうたん》の日々が、後年の大政治家・頼朝を作り上げたのでしょう。そこで本書も、少しだけ鎌倉の武士政権から題材を取ろうと思います。

私は日本の歴史の大きな特徴の一つとして、武人政権が七百年にわたって続いたことを挙げられると考えます。武士の政治を始めたのは幕府を開いた源頼朝か、それとも平清盛か。そこは研究者によって意見が異なるところですが、とりあえず十二世紀後半から明治維新まで、武士は実権を握り続けました。鎌倉時代はその第一段階、ということができますが、武士はどのようにして政治に関わっていったのでしょうか。

源氏将軍家はよく知られるように三代で滅び、そのあと幕府の実権は頼朝の妻の実

◆ 源氏と鎌倉

神奈川県鎌倉市の山裾にある鶴岡八幡宮。前九年の役で活躍した源頼義は、舅の平直方（北条氏の先祖という）の鎌倉の居館を譲り受けたが、これが源氏と鎌倉の関係の始めである。頼義は八幡神を勧請（かんじょう）し、鶴岡八幡宮を造営した。のち頼朝が鎌倉に入ると、八幡宮からのびる段葛（参道）を整備し、その周囲には御家人の屋敷が並んだ。

家、北条氏が掌握します。北条氏の政治手法の特質として、「苛酷かつ陰惨」というのがある。政権運営に策略とか陰謀はつきもので、明るい政治、などというのは存在しないのかもしれない。それにしても、鎌倉幕府の政治状況は、日本史の中で飛び抜けて苛烈です。隙を見せればすぐにつけ込まれる。失脚は即、誅殺《ちゅうさつ》に直結する。しかも、やり口が陰険なので、たまったものではありません。

モンゴルの来襲が現実味を帯びてきた頃、北条時章という人物がいました。北条本家に次ぐ家格を誇る名越《なごえ》家の中心人物で、北条泰時の甥にあたります。名越家は北条本家に対して激しい対抗心をもっていた家だったので、時の執権、北条時宗らは時章の存在を危険視したのでしょう。文永九（一二七二）年、謀反の嫌疑をかけられた時章のもとに追討の武士が送られ、五十八歳をもって殺害されてしまいます。

権力闘争ですので、ここまでは納得するしかない。ところがやりきれないのは、そのあとです。幕府首脳は、いや実は時章は無罪であったことが判明した、と掌《てのひら》を返します。そのうえで、時章を殺害した実行犯五人を斬首に処したのです。責任逃れ、加えて口封じですね。北条氏はしばしばこれをやる。

嘉元三（一三〇五）年には、時の連署《れんしょ》（執権の補佐役。幕府ナンバー2）であった北条時村が殺害されます。時村も泰時の甥に当たる人で、一門の長老でした。本家の貞時（時宗の嫡子）にとって、じゃまな存在だったのでしょうが、この事件の背景はよく分かっていません。ともかくこれまた時村は無実であったとして、討手《うって》十二人が斬首されました。彼らは貞時に命じられたことを、忠実に履行したにすぎないのに。むなくそが悪くなる、北条氏の「お家芸」です。

なぜ北条氏は、こんなに凄惨な粛清劇をくり返したのか。また、そんな北条氏はどうして幕府のトップでいられたのか。それを考えていきましょう。

## 頼朝はなぜ側室を置かなかったのか

ベストセラーの『ハーバード白熱日本史教室』（新潮新書）を書かれた北川智子さんに触発されたわけではないですが、ぼくも「レディ・サムライ」北条政子のことを考えてみようと思います。

まずはじめに、政子さんの容姿。ぼくは修行の足りない俗物なので、ついそれが気になってしまいます。果たして彼女は、北川さんや大河ドラマ『平清盛』での政子役、杏さんのように美しかったでしょうか？　それはおそらく、ないでしょうね。伊豆の蛭《ひる》ケ小島に流された頼朝。その頼朝のもっとも近くにいた武士が、北条の地（いまの伊豆の国市）を本拠とする北条時政でした。手近な家の娘さんが都合良く美人。そんなドラマのような展開は、めったにないはずです。

若い女性は都の水で磨かれると、とても美しくなる、といわれます。でも政子さんにはそれも期待できない。なにしろ、当時としては片田舎の伊豆の生まれ育ちですから。そもそも北条の家ってどんなクラス？　それには諸説あって、裕福な家だったという研究者もいますが、ぼくは「北条家＝小規模な武士」説に賛同します。根拠は頼

◆北条政子の墓

鎌倉五山の第三位、寿福寺（神奈川県鎌倉市）にある北条政子の墓。やぐらの中の五輪塔で、源実朝の墓と隣接している。墓といっても、後世に作られた供養塔であるらしい。筆者は四十年ほど前の小学生の頃、夕暮れ時にお参りしたが、そのたたずまいにすっかりおびえて、それ以来足を運んでいない。

朝の旗揚げ。このころすでに頼朝の舅になっていた時政にとっては、これに失敗したらあとがない。それなのに、このとき用意された北条の軍兵は五十人足らずだった。当時、その国にこの人あり、と聞こえるような有力武士は、だいたい三百人くらいの兵を用意した。伊豆なら伊東祐親《すけちか》がそうです。それに比べて、時政は五十。その規模を推して知ることができる。

そうすると、政子が都の優雅な文物に囲まれていた可能性も低い。むしろ、杏さんが演じるように、野山を駆けまわる、健康優良児だったかもしれない。深窓の令嬢というイメージとはほど遠い。一方の頼朝は、位こそ高くないけれども貴族の母をもち、十三歳まで京都で育っている。精神形成の大事な時期を京都で過ごしているのです。豪奢な生活をしていた後白河上皇（文化人としても超一流）の姉である上西門院《じょうさいもんいん》にもお仕えしていた。だから、美を見きわめる目は肥えていたと思う。

そう思うと、俗物としてはすごく気になることがある。なぜ、頼朝は武士の棟梁となったあと、妻を取りかえなかったか。当時、それは十分にあり得たことでした。時政ですら、ずっと年下の牧の方という貴族の姫君（平清盛の継母、藤原宗子＝池の禅《ぜん》尼《に》の姪《めい》に当たる人）を妻に迎えている。頼朝の権力をもってすれば、美姫の一人や二人、都から呼び寄せることは容易だったはず。

それでも頼朝は、そうしなかった。決まった側室すら置かない。その理由の一つは、政治的な判断でしょう。貴族の姫にうつつを抜かしては、関東の武士たちは面白くない。なんだ、頼朝さまも結局は京都のお人か。ところがそうではなく、頼朝の隣にはいつも関東代表の、土臭い政子がいる。まさに自分たちの娘とか姉妹のような政子が。すると、彼らは安心できる。頼朝さまは、やはりわれら関東武士の棟梁だ、と。

それからもう一つには、頼朝の性格が関与していると思います。弟の義経を死に追いやったばかりに冷酷といわれる彼ですが、不遇の時に援助してくれた人には厚く酬《むく》いる律義さをもっていました。流人であった自分の価値を一番初めに認めてくれたのは、政子だ。命がけの挙兵に付いてきてくれたのも、彼女だ。その政子をあだやおろそかにできようはずがない……。頼朝は案外、心の底から彼女を大切に思っていたのかもしれません。

# 北条政子はフェミニズムの星か

大河ドラマ『平清盛』を愛する人々の集会に招かれたことがあります。三十人くらい（ほとんど女性。二十代から五十代、と幅広く）がカラオケ屋さんの大きな部屋を占拠し、ドラマの情景や登場人物の心理などを語り合う。その日のテーマは第二十回「決戦前夜」。いよいよ保元の乱が始まる、名作の呼び声高い回でした。

みなさん、ドラマの各シーンをよく覚えていらっしゃって、話は滞りなく進んでいく。その時に「へーっ」とぼくが驚いたことがあります。それは源義朝（頼朝の父）が出陣する場面。彼の愛人である常盤御前はかわいい人で、「戦は怖くてなりません。どうぞお怪我《けが》なく、ご無事にお帰りください」という。かたや正妻の由良御前は凛《りん》としていて、「（愛人である常盤も含めて）家のことは私が責任を持ちますので、ご心配なく。後顧の憂いなく、存分なお働きをなさってください」と言うんです。

ぼくは、女性は戦いが嫌いだろう、野蛮なことは生理的に受け付けないだろう。だから常盤に共感するものと思っていた。ところが、ところが。女性たちの熱い支持を受けたのは、由良御前の態度だった。常盤、あんたこの非常時になに言ってんの？

それに比べて、由良ちゃん、かっこいい。肝が据わってるぜ。パチパチ。

ぼくはビックリして尋ねました。あなた方女性は戦争なんてイヤでしょう？　ええ、もちろん今の世の中で戦争が起こるなら、強く反対します。でも、源平の戦いの時代に現代の価値観を持ち込んでどうしますか？　戦場に赴く夫を涙をこらえて見送るのが、武家の女性の務めではありませんか。……ああ、みなさんの方が分かってらっ

◆ 釈迦堂切通

神奈川県鎌倉市にある釈迦堂切通（現在は落石のため通行止め）。古くから源氏の拠点であった鎌倉は、三方を丘陵、一方を海に守られる天然の要害といわれている。丘陵部にはこのような切通が設けられ、居住地部分への往来が制限されている。源頼朝はこうした地形を利用して、新しい武士の都を整備していった。

しゃる。

何に比べて？　おそるおそる申しますと、フェミニズム系の女性研究者よりも、です。あの方たちの中には、どうも「結論先にありき」の歴史解釈をされる方がいる。結論とは「私たち女性はえらいんだ」。いや、もちろん現代において女性がえらいことは重々承知いたしております。オリンピックのメダルなんて、女性ばっかりだし。でも、それを過去にまで適用しようというのは、ちょっと乱暴なんじゃないでしょうか……。

たとえば北条政子です。フェミニズム系の研究者は、やたらと彼女を高く評価する。まあ、中世で有名な女性というと、彼女と日野富子くらいしかいませんから、やむを得ないのかな。でも中には「私は彼女を尊敬する」とまで言う方すらもいらっしゃる。うーん。ぼくにはいまだ、北条政子像が見えてこないけど。

まず分かっているのは、伊豆の流人だった頼朝との結婚が、二十歳頃ということ。これは当時としては晩婚なので、おそらく彼女は近隣に聞こえた美形、ではないですね。それから北条氏は田舎豪族なので、洗練もされてなかっただろう。でも頼朝は決まった側室を持ちませんでした。ということは、相当におっかない女性だった可能性が高い。

それから、後のことになりますが、彼女は実の子を二人（頼家・実朝）も殺している。自分の子を進んで殺す女性なんてめったにいないと思いますので、弟の義時らにだまされていた「哀れな女」だったのか、子供よりも権力を選ぶ女だったのか。彼女の猛妻ぶりからして、これは当然、後者でしょう。嫁ぎ先より実家が大事、という女性はいらっしゃるでしょうから、この辺から発想しなくてはならないかなあ、と思っています。

## 政敵を蹴落とす北条氏の「陰険力」

歴史研究を進めるに際しても、視覚から与えられる情報は、驚くほど大きな力をもちます。たとえば京都の神護寺に伝わる「伝・源頼朝像」。洗練された容姿に鋭い眼光。ぼくたちはこれこそ頼朝と信じて疑わず、この肖像を念頭に置きながら、彼の人物像を探求してきた。ところが、ご存じのように、いまこの像主は頼朝ではないのでは、という研究が進んでいます（足利尊氏の弟、直義《ただよし》の肖像だという）。えー、イメージこわれちゃうなあ。余計なことをしてくれるなよー。口には出せませんけれど、そう思っている研究者は少なくないんじゃないかな（笑）。

頼朝の舅、北条時政は肖像画が伝わっていません。彼の木像と称するものは、静岡県伊豆の国市の願成就院にあるだけです。ですから、時政がどんな風貌をしていたのかは、想像するしかない。ぼくの中での時政といえば、大河ドラマ『草燃える』（一九七九年）での金田龍之介さんが演じたそれ。ゲジゲジ眉毛に、赤いほっぺた。でっぷり太って無教養、押しの強い中年男のイメージでした。

けれども、時政の事績を調べていくと、陰謀をめぐらすのが得意な、怜悧《れいり》な男なん

◆ 蛭ケ小島の頼朝・政子夫妻

静岡県伊豆の国市の蛭ケ島公園に建つ頼朝・政子夫妻の銅像。頼朝が流されていた蛭ケ小島は、もちろん本当の「小島」ではない。たびたび氾濫した狩野川の中洲だという。そんなじめじめした場所に、頼朝は将来の定まらぬ不安な日々を、二十年にわたって暮らしていた。その忍耐が彼を、朝廷と互角に渡り合える政治家へと成長させたのかもしれない。

ですね。ずる賢い、という感じ。それから彼が書いた字が遺っているのですが、これがまた見事（『高野山文書』など）。お手本で使えるような端正な字。これは、金田さんが造形した「田舎武士」ではないな。むしろ、伊豆の国衙《こくが》（県庁）に仕えていた、官僚じゃなかったかな。すると、大河ドラマ『平清盛』の時政役、遠藤憲一さんはピッタリ。背が高く、スマート。苦み走っていて、悪巧みも任せておけ、という感じ。

ぼくは北条氏は元来、小さな武士団だったと考えています。

（一）旗揚げの時、少数の兵しか用意できなかった（二）系図がしっかりしておらず、家の歴史が明瞭でない（三）時政が官職についていない。彼はただの「四郎時政」（四）本領となる荘園が見当たらない――などが根拠です。元々さほど大きな武士団ではなかったので、権力の座を目指すとき、北条氏は悪巧みの技術を磨くしかなかったのではないか。

一番初めの標的は、梶原景時《かげとき》でした。文武兼備の異色の武士で、頼朝の信任厚い侍所《さむらいどころ》（軍事を掌る《つかさどる》）の長官。二代将軍の頼家にとっても、「一の郎党」と呼べる腹心でした。一一九九年、頼朝逝去から一年もたたぬある日、阿波局《あわのつぼね》という女性が有力御家人の結城朝光《ともみつ》に知らせます。景時が頼家に、しきりにあなたの悪口を言っている。あなたは誅殺《ちゅうさつ》されるに違いない。仰天した朝光は友人たちに相談。すると多くの御家人が、景時への嫌悪を口にしました。意を強くした朝光は、景時を弾劾する文書を作成。御家人六十六人が名を連ねました。文書を突きつけられた景時は、幕府を退去し、上洛を企てます。朝廷に仕えようとしたのでしょう。ところがその途中、駿河の清見ケ関で待ち構えていた地元の御家人が、梶原一族を襲撃。景時以下はみな討ち取られました。

以上が『吾妻鏡』の記す景時滅亡の顛末《てんまつ》です。ことの発端は、結城朝光と阿波局の談合でした。この二人は助演男優・女優ですね。阿波局は北条時政の娘。朝光の兄の小山朝政は、景時の播磨守護（同国の武士のリーダー）の職を得ています。朝光へのご褒美でしょう。駿河の守護は、他ならぬ時政でした。自分の影響下にある武士を集めて景時の息の根を止めているのですから、首謀者＝主演は時政に違いありません。

## 曽我兄弟の敵討ちも時政の陰謀か

今の私たちにとって、一番身近な歴史的人物といえば、坂本龍馬と織田信長でしょうか。ただしこの二人、性質がはっきりと異なります。信長は歴史学的にも重要な人物です。でも坂本龍馬は、作家の司馬遼太郎がスターダムに押し上げた人。フィクションの世界で有名になったんですね。歴史学の研究においては、さほど重要視されません。司馬さんの影響力というのは、本当にすごい。

じゃあ江戸時代、龍馬に匹敵するような国民的ヒーローといえば誰でしょう？　答えは曽我五郎時致《ときむね》なんです。有名な（といっても、今の若い方はほとんど知らないかな？）「曽我兄弟の敵討ち《かたきうち》」の弟の方。冷静沈着な兄の十郎に対して、やんちゃで無鉄砲な五郎。で、二人ともやたらと強い。

江戸の庶民が愛した歌舞伎は、彼らの物語と切っても切れぬ芸能でした。たとえば『助六』の花川戸の助六は、実は正体は曽我五郎。『外郎売《ういろううり》』や『寿曽我対面《ことぶきそがのたいめん》』なども有名です。みんな曽我五郎が実際にはどんな人物かなんて知らないし、知りたいとも思わない。ともかくすかっと暴れてくれる痛快なやつである、と。フィクション主導という意味で、まさに五郎は龍馬タイプのヒーローなのです。

そうはいっても、ぼくは歴史研究者ですので、ヤボは承知で書きます。曽我兄弟の敵討ちとは、建久四（一一九三）年五月二十八日、前年に征夷大将軍に任じられた源頼朝が行った一大イベント、富士の大巻狩りの際に、起きた史実です。曽我十郎（祐成《すけなり》）と五郎の兄弟は、伊豆の大領主、伊東祐親《すけちか》の長男である河津祐《すけ》泰《やす》の子。その父を一族の工藤祐経《すけつね》に殺されてしまった。厄介なことに、この祐経、頼朝の大のお気に入りである。それで兄弟は苦労の末に、ついに父の敵を討ったのです。

長年の仇《かたき》と狙う祐経の殺害に成功した。ところが、兄弟はこの後、妙な行動に出ます。頼朝の寝所の方へ、刀を抜いて突進していったのです。当然、

◆江戸時代のヒーロー、曽我兄弟の墓

神奈川県箱根町にある曽我十郎と五郎の墓、それに十郎の恋人であった虎御前の墓と言い伝えられる立派な石造五輪塔。箱根のこのあたりの旧東海道沿いには石造の仏像や塔がいくつか立っているが、石の加工を得意とした律宗の技術者集団の手によるものではないか、という説がある。

騒ぎを聞きつけた御家人たちが、行く手を阻みます。兄弟は多くの敵と斬り結んで奮戦しますが、まず十郎が大巻狩りで猪を仕留めた勇者、仁田《にった》忠常に討たれました。五郎は、頼朝の館に押し入ったところを、取り押さえられました。翌日、頼朝の取り調べがあり、五郎はあだ討ちに至った心情を陳述します。頼朝は助命を考えましたが、祐経の遺児・犬房丸《いぬぼうまる》（のち伊東祐時《すけとき》）の要望により処刑を命じました。

さて、ここで分からないのは、なぜ兄弟が頼朝を狙ったか、です。そのことについては、議論はあるものの、いまだに確たる回答が見つかっていません。ただその中で、興味深い説があります。それが北条時政黒幕説。

実は五郎を元服させた烏帽子《えぼし》親は、他ならぬ時政でした。同じ伊豆の住人として、兄弟は何かと時政の庇護《ひご》を受けていたふしがあります。そこで時政は、兄弟に頼朝の暗殺を命じた。頼朝の権力があまりに大きくなったので、岡崎義実《よしざね》・大庭景義《かげよし》ら幕府老臣と共謀して、これを除こうと考えたのです。頼朝の代わりとされたのが、弟の源範頼《のりより》。ですが、兄弟が斃《たお》れて企ては失敗。義実・景義は失脚し、範頼は伊豆の修禅寺に押し込められ、やがて殺された……。完全な立証は難しいと思われますが、時政の陰謀の手腕からすると、一考に値する説であると思われます。

# 第7章 「大義名分」がない中世武士の感覚——戦国前夜②

## 意外と誠実な源頼朝

以前出演したNHKの歴史番組（BS歴史館「源頼朝　夫婦げんかで築いた新たな日本」）でのアンケートによるならば、おひざ元の鎌倉市民に聞いてすら、「源頼朝といえば、薄情、酷薄」のイメージが強烈とのこと。これはきっと、弟の源義経を死に追いやったことが原因なのでしょう。

義経といえば、言わずと知れた源平合戦の立役者で、「判官びいき」の語源にもなったヒーロー。滅びゆく者に涙し、拍手と賛辞を贈るのは日本人に共通した心情だといいますから、頼朝が悪役視されるのは、やむを得ないことかもしれません。

頼朝はなぜ義経を討ったのか。この兄弟に限定される特殊な事由も挙げられますが、広く一般的に「権力者は兄弟を排除する」ものです。兄に取って代わる第一の候補者は、同じ条件を具備して生を受けた弟なのですから。

それゆえに、兄は自らの権力を維持するため、しばしば弟を犠牲にしています。足利尊氏は一時は全幅の信頼を寄せていた政務の専門家、同母弟の直義《ただよし》を滅ぼした。若き日にうつけと評判だった織田信長は、英邁《えいまい》の誉れ高く、家中の支持を得ていた弟の信行（信勝が正しいか）を討っている。戦国大名ですと、毛利元就《もとなり》、今川義元、大友宗麟、伊達政宗らが兄弟殺しに手を染めている。弟を良き補佐役として生かせたのは、武田信玄と羽柴秀吉くらいでしょうか。四兄弟の結束を謳われた島津家も、当主の義久と名将として知られる義弘のあいだは、どうも微妙だったようですし。

そんなわけで、頼朝が義経を葬り去ったからといって、それだけで彼は薄情だ、陰険だ、ということにはならない。

他の事例を見ていると、彼は苦労した伊豆の流人時代によくしてもらった恩を、けっして忘れていない。むしろ誠実な人だとすら思えます。その好例が北条氏です。北条時政は家をあげて彼の挙兵に賭けた。その命がけの行動を、頼朝は心に刻んでいた。だから、政子と時政をずっと大切にした。北条氏の政権が

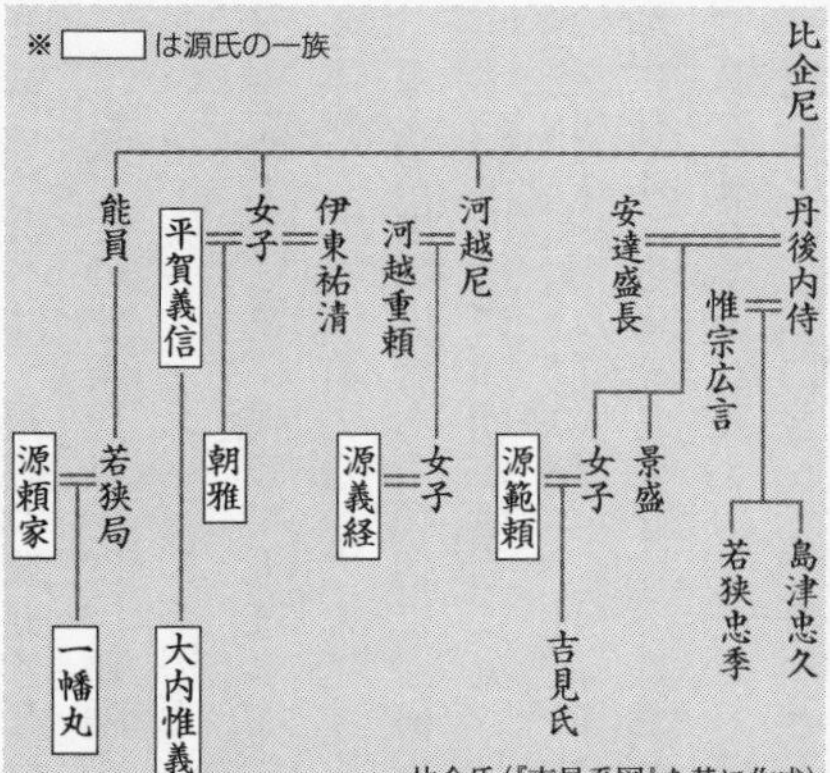

比企氏（『吉見系図』を基に作成）

◆ 比企氏の血統

比企氏は滅亡してしまったので、その動静を語る史料が全く残っていない。これも武蔵国吉見（吉見百穴で知られる）を本拠とした吉見氏に残された系図から復元したもの。比企尼の血を引く女性が、源氏一門にいかに多く嫁いでいるか、よく分かる。

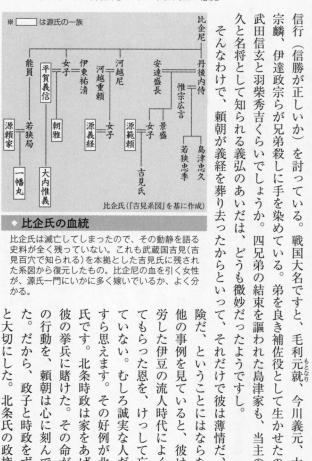

誕生した根本は、頼朝の誠実さだったと評せるのではないでしょうか。

でも、その北条氏以上に、頼朝が大切にしていた家があるようなのです。それは何という一族でしょう。答えは……比企氏です。そんな名前、聞いたことないぞ、ですって？　まあ、滅びてしまって、資料が残ってないですから。でも、武蔵の比企郡を本拠とした、有力な家なんです。

源義朝は嫡男である頼朝に、何人かの乳母を付けました。その一人が比企尼《ひきのあま》です。平治の乱の後に頼朝が伊豆に流されると、尼は比企郡の館から、生活物資を送り続けたといいます。尼の長女、丹後内侍の夫が安達盛長で、盛長は妻の縁で流人時代の頼朝に仕えたと考えられます。なお、内侍は先に、下級官人で歌人の惟宗広言《これむねのひろこと》との間に二人の子をもうけており、その一人が島津家の祖、惟宗忠久なのです。

比企尼は頼朝にとって、もっとも「母」を感じさせる女性だったのでしょう。ですから鎌倉に政権を築いてから、頼朝は尼を厚く遇しました。政子は尼の家で頼家を生み、彼の乳母として、尼の二女と三女が付けられました。頼朝の弟、範頼と義経は尼の血を引く女性を正室としています。比企氏はまさに、「源氏の外戚《がいせき》」だったのです。

## 比企能員の変で台頭した北条氏

鎌倉幕府が国ごとに守護を置いた、ということはみなさんもご存じだと思います。でも、この守護という存在、イメージするのが案外むずかしいのです。

もっともよくある誤りは、守護を後の大名と混同すること。たとえば関ケ原の戦いの後、山内一豊が土佐国一国を徳川家康から賜った。すると、土佐二十万石あまり、すべてが一豊に与えられる。田畑も山も川も、一豊が所有する。その地に生きる農民も動物も、一豊が生殺与奪の権を握る。それが江戸時代の国持ち大名のイメージですね。

一方で、鎌倉幕府の守護は、役人と考えた方がいい。小山朝政、汝を下野国《しもつけ》の守護に任じよう、という決定がなされる。朝政は下野国の武士たちを束ねるリーダーにはなりますが、彼らを家来にするわけではない。土地を勝手に自分のものにすることはできませんし、土地が生みだす生産物の収取の関係には、関わりません。

それでも、やはり、一国の守護への補任《ぶにん》は、武士たちにとって一大事なのです。まず自分は有力な御家人である、という名誉です。それから、実利をとることができる。

任国の武士たちへの命令系統を握り、警察権を行使する。そうした権限をテコにして、有能な守護は、国内のさまざまな場面に干渉していくのです。

さて、本題。源頼朝が亡くなった時点で、北条時政は駿河と伊豆、二カ国の守護でした。これに対し、前項で注目した比企氏は、まず信濃。それに北陸道諸国（越後、越中、加賀、能登、越前）の守護を務めていた。頼朝はかつて木曽義仲に従っていた国々を、「鎌倉幕府の支配がしっかり根付くよう、努めてくれ」と、まるごと比企氏に委ねたのだろう、と私は推測しています。単純に任国の数を比べてみて、比企氏は北条氏をしのぐ勢力を有していたのではないでしょうか。

正面から戦いをいどんでは、勝ち目がない。そこで北条時政は謀略をめぐらします。建仁三（一二〇三）年八月、二代将軍頼家の病が重くなり、命の危険が取り沙汰されるまでになりました。好機到来。時政はこっそりと戦いの準備を整えてから、比企能員《よしかず》を自宅に招きます。日ごろから時政は、よほど能員に丁重に接していたのでしょう。九月二日、招待に疑いをもたぬ能員が単身・平服（「小代文書」）でのこのこやってくると、時政の命を受けた仁田忠常らが襲いかかり、あっさりと彼を刺殺しました。間髪を入れずに北条勢は比企邸を襲撃、比企氏は頼家の子の一幡丸《いちまんまる》もろとも、全滅します。

藤原定家の日記『明月記』を見ると、九月七日に幕府の使者が上洛して朝廷に言上しています。「頼家が病気で没した。弟の千幡《せんまん》に跡を嗣《つ》がせたいので許可してほしい」。当時の交通状況と照らし合わせるならば、使者は遅くとも九月一日には鎌倉を出発しているはず。つまり時政はすでにこの時点で、頼家の死、一幡丸と比企能員の殺害を予定していた、ということです。

◆ 仁田忠常と「富士の人穴」

芳年が描いた「仁田忠常洞中に奇異を見る図」(静岡県立中央図書館蔵)。建仁三年六月、仁田忠常は将軍頼家に命じられ、富士の裾野の洞窟を探検した。たいまつをかかげて進むと、大きな河が流れていて、向こうに怪しいものが見えた。それを見た家来四人が死亡したので、忠常は剣を河に投げ入れ、ほうほうのていで帰還した、と歴史書『吾妻鏡』は記している。

忠常は伊豆国仁田郷(現静岡県田方郡函南町)の住人で、源頼朝挙兵に参加した。勇士として知られ、建久四(一一九三)年の曾我兄弟の仇討ちの際に、兄の曾我十郎を討ち取っている。

病気で死ぬはずだった頼家は奇跡的に回復し、激怒して時政の誅伐《ちゅうばつ》を命令しますが、大勢はもはや決していました。一悶着（そのさなか、真相を知りすぎた仁田忠常は北条氏により誅殺された）があった後、頼家は九月七日に鎌倉殿の地位を追われ、北条家で育てられていた千幡丸がこれに代わりました。三代将軍、実朝の登場です。

## 武士の中の武士、その名は畠山重忠

江戸時代の武士に求められる技量といえば、「剣の腕前」。昼行灯《あんどん》のように日々を送っていても、いざとなれば斬奸《ざんかん》・必殺の刃を振るう。『たそがれ清兵衛』など藤沢周平作品の侍たち、しびれます。実際には、太平の世が続くうちに刀は無用の長物となり、そこに剣士のそこはかとない哀《かな》しみが漂うことになるのですけれど。

これが鎌倉時代初めだと、話が違ってきます。すぐれた武士とは、剣術の達者な武士ではない。弓矢。矢を放てば百発百中。弓矢の名手こそが戦場で真価を発揮する戦士であり、優秀な「もののふ」と考えられていた。その代表が、五人張りの強弓（五人がかりで弦を張る弓）をやすやすと操る、鎮西八郎為朝《ちんぜいはちろうためとも》です。

弓の次が剣？　いいえ、次は大力《だいりき》です。力もち。源平の戦いでは、戦国時代には考えられない「一騎打ち」が行われました。馬上の武士が太刀で数合打ち合った後、「いざ組まん」と力比べになる。力のまさった方が相手を組み敷き、短刀で首を掻《か》き切る。それゆえに、剛力《ごうりき》の武者は尊敬されました。その代表が、畠山重忠。

畠山氏は秩父党に属し、武蔵国男衾郡畠山郷《おぶすまごおりはたけやまごう》（現在の埼玉県深谷市畠山）を領した有力な家です。重忠は源頼朝に従い、花も実もある青年武将として（一の谷の戦いの時には二十二歳）、木曽義仲や平家の軍勢と戦いました。義仲との戦い、宇治川の合戦では、敵の長瀬重綱という武者を「頸《くび》ねぢきって」討ち取った。これは、大力に物を言わせて頸の骨をへし折ってから、首級を獲得する行為だそうです。一ノ谷の戦いの「鵯越《ひよどりごえ》の逆落とし」では、愛馬を背負い、歩いて急坂を降り下った（『源平盛衰記』。ただし、『吾妻鏡』の記事に従えば、重忠は鵯越にいない）。

江戸時代の民衆は曽我五郎を愛し、『曽我物語』に親しみました。このお話を読んでみると、陰に日向《ひなた》に兄弟を助ける存在として、重忠が何度も登場します。ですから、重忠はいわゆる「善玉」。浄瑠璃や歌舞伎にもしばしば取り上げられました。梶原景時が讒言《ざんげん》をする「悪い奴」として描かれるのと、まさに好対照をなすのです。

なぜ重忠が「良き武士」として描かれるのか。ぼくは『吾妻鏡』の叙述の在り方が、そもそもの原因だろうと思っています。『吾妻鏡』は実に丁寧に重忠の高潔な人となりを記す。他に、こんな扱いを受けている人物は見当たりません。

文治三（一一八七）年、重忠に謀反の疑いがかけられた。親友の下河辺行平が使者として重忠の館に赴き、鎌倉への同道を求めた。すると重忠は、覚えのないことであり恥辱である、と自害せんとする。だが行平が情理を尽くして説得すると、態度を改めた。気持ちよく行平をもてなし、翌日二人は頼朝のもとへと向かう。

鎌倉に着くと、梶原景時がやってきて、謀反を起こす気持ちはない、との起請文《きしょうもん》を書くよう勧告した。重忠は、自分はうそをつかない。謀反の心がないと言ったら本当にないのだから、改めて起請文を書くことはしない、と厳しく拒絶する。景時がこれを頼朝に披露すると、頼朝は重忠と行平を召し出して歓談し、謀反のことには一切ふ

◆歌舞伎の中の畠山重忠

片岡我童が扮する「壇浦兜軍記」の三段目、「阿古屋(あこや)」の畠山重忠。幕末から明治にかけて活躍した浮世絵師、豊原国周が明治十七年に描いた(東京都立中央図書館特別文庫室蔵)。平家の侍、悪七兵衛景清の行方を追って、彼の恋人である遊女の阿古屋を尋問する。同僚の岩永は威張り散らす悪玉。赤色のメークをする。これに対し、重忠は優しい正義の人。善玉を表現する白塗りで登場する。
重忠の大力は京都にも知られていて、彼が力士の腕をへし折った話が『古今著聞集』に見える。

れなかった。これを以てこの一件は落着した。
重忠はまさに、武士の中の武士、坂東武者の代表だったのです。

## 昼ドラ真っ青　北条親子の確執

結城朝光や長沼宗政は、有力な鎌倉御家人です。下総の結城家、下野の長沼家といえば、関東有数の名門武家として、戦国時代まで続いていきます。

その祖である朝光と宗政はともに小山政光の子ですが、小山朝光、小山宗政とはいいません。本拠を築いた結城・長沼を姓としている。事情は和田義盛も同じ。義盛の父は三浦義明の長子。ですが、三浦の跡を嗣がず杉本を名乗ります。その長子である義盛は和田を名乗り、和田一族の祖となる。三浦一門の主要メンバーに違いありませんが、三浦義盛ではない。自らも、周囲のみなも、三浦義盛とは認識しない。

いったい何が言いたいのかというと、実は北条義時がこのケースに当てはまるのです。義時はご存じのように、北条時政の子で、政子の弟。教科書にも北条義時としか出てきません。ところが、『吾妻鏡』を見ると、全く逆なのです。ある時期まで彼は、江間義時とだけ名乗っている。江間は北条にほど近く、いちご栽培で有名なところ。義時は北条氏とは別に江間家を立て、その祖となるはずだった。

言葉を変えるなら、北条時政は本来、義時を嫡子・後継ぎと認めていなかった、ということです。時政は源頼朝の舅としての地位を確立してから、つまり、関東でも有数の有力者にのし上がってから、中級貴族の家から花嫁を迎えます。平清盛の義母として有名な池禅尼《いけのぜんに》（藤原宗子）の姪、牧の方です。これまで、頼朝は糟糠《そうこう》の妻・政子を大事にした、と書いてきました。舅の時政の方は、周囲の評判など気にしなかった。実力にモノを言わせて、洗練された女性を獲得したのでしょう。彼女はおそらく、義理の娘となる政子より、若かったと思われます。

時政と牧の方との間には、一男三女が生まれました。一人きりの男の子は政範（一一八九～一二〇四）と名乗りますが、彼こそは異母兄の義時を差しおいて、北条家を受け継ぐはずの貴公子だったのです。時政にしてみると、京育ちの若い妻が愛しくて仕方なかったのでしょうね。だから彼女が生んだ子もまた、かわいい。この類の話は、歴史上によく見受けられます。

ところがうまくいかないことに、政範は十六歳の若さで急死してしまいます。時政と牧の方の夫婦の悲嘆はたいへんなものだった。でも、ともかく悲しみを乗りこえた時政は、今度こそ義時を後継者として遇したか。それが、そうではないらしい。二人はすでに対立する関係になっていて、埋められぬ溝ができていたのかもしれません。時政は義時の次男の朝時（名越家の祖）を後継ぎに擬するとともに、牧の方が生んだ娘の婿、平賀朝雅《ともまさ》に入れ込んでいきます。

平賀朝雅は源氏の御曹司。朝雅の父が平賀義信で、異母兄が大内惟義《これよし》。信濃の佐久地方を根拠としたこの一族を、頼朝は源氏一門の中でも最上席に据えました。のちに室町幕府を開くことになる足利氏よりさらに上。おそらくそれは、平賀義信が最後の

◆ 結城家のその後

茨城県結城市の孝顕寺が所蔵する結城晴朝（一五三四～一六一四）の肖像画（模本、東京大学史料編纂所蔵）。結城家と小山家の密接な関係は後代まで続いていた。晴朝の実父は小山高朝。高朝の父は結城政朝。晴朝は伯父（高朝の兄）の結城政勝の養子となって家を継いだ。晴朝の養子が徳川家康の次男の秀康で、彼がのちに松平姓に復したため、結城家は絶えた。

より詳しくいうと、松平秀康の五男である直基は晴朝に養育されていて、晴朝の没後に結城家を継いだ。だが、彼もやがて松平姓に復した。ただし家紋は結城家のもの（結城巴、太閤桐）から変えず、結城家の祭祀を継承した。直基の子孫は転封を繰り返し、前橋十七万石で明治維新を迎えた。結城家の文書（ただし一部）はこの家に伝わって、史料編纂所は複本として『松平基則氏所蔵文書』を作成している。原本の大半は残念ながら太平洋戦争の戦災で消失した。

最後まで（尾張の長田屋敷まで）、源義朝につき従った忠誠を評価してのことと思われます。ともあれ、平賀朝雅は父の義信に続いて武蔵守に就任し、同国に勢力を伸ばしていきます。その後ろ盾になったのが、北条時政でした。ここで、時政—朝雅と、武士の中の武士、畠山重忠は、武蔵国の主導的地位をめぐって、衝突することになります。

## 時政の失脚は策士、策におぼれた？

広大な武蔵国は、鎌倉武士の本場です。同国をしっかりと掌握することは、幕府で覇を唱える上で、必要不可欠でした。

ですから、北条本家は、「武蔵守」の官職（朝廷の官）と「武蔵守護」職（幕府の官）を独占した。鎌倉幕府滅亡に至るまで、この二つの官職を他家はもちろん、北条一門の手にも渡さなかったのです。

その唯一の例外が、鎌倉幕府の草創期に見られます。源頼朝は自身がもっとも信頼する源氏、平賀義信を武蔵守に推挙し、それとともに武蔵の守護に任じました。義信もまた負託によく応え、今後の国司は義信を模範としよう、と称賛されました。彼の地位は嫡子の朝雅《ともまさ》が継承します。

朝雅と親密な関係を築いたのが、北条時政でした。時政は牧の方との間に生まれた愛娘《まなむすめ》を朝雅の妻とし、朝雅の後見人として、武蔵の国務を握りました。

一方、武蔵武士として高い声望を得ていたのが、畠山重忠でした。大力と清廉な人柄で知られる彼は、武蔵随一の武士団である秩父党を率いる立場にあり、同族の河越重頼が失脚した（源義経に連座した）後は、「武蔵惣検校《そうけんぎょう》」という伝統ある名誉職を手中にしていたと思われます。時政は娘の一人を重忠の妻に配していましたが、その排斥の機会を長く狙っていたのです。

元久二（一二〇五）年六月、時政はいよいよ重忠を討つ準備を整え、子息の義時に打ち明けました。義時は反対しますが、時政と牧の方の強硬な決意を変えることはできず、やむなくこれに従います。

時政は重忠のいとこにあたる稲毛重成・榛谷《はんがや》重朝兄弟と謀り、鎌倉に兵乱ありといつわって、重忠を本拠（埼玉県比企郡嵐山町）から誘い寄せました。また重忠に謀反の企てありと喧伝《けんでん》し、彼を討つよう、御家人たちに命じます。

二十二日、鎌倉に向かって進んできた百騎あまりの畠山勢は、義時率いる幕府軍と二俣川で遭遇。ここで初めて謀計に落ちたことを知った重忠は、潔く幕府の大軍と一戦し、一族とともに滅んでいきました。

御家人たちは、戦いの様子から重忠に謀反の意思なしと悟り、鎌倉に帰還します。義時は彼らを代表し、時政を強く非難。時政は、すべては重忠に取って代わろうとした稲毛重成と榛谷重朝の奸計《かんけい》によるとして、兄弟を抹殺しました。

重忠を討ち、その罪を重成・重朝に着せて殺してしまう。ここまでは時政のもくろ

◆ 源平“首引き”の図

風刺画「源平首引戯図（けんぺいくびひきたわむれのづ）」（東京大学史料編纂所蔵）。源頼朝と平宗盛の首に縄をかけ、その縄を綱引きよろしく、源氏・平氏の両陣営が引っ張り合っている。明治元年に描かれたもので、戊辰戦争を風刺しているらしい。当時の人々が思い描く「源平オールスター」が判明する点で興味深く、北条時政と畠山重忠の姿を見ることができる。

み通りだったでしょう。いつもの、彼の狡猾なやり口です。けれども、ここからの動きは、彼が予想していなかったものでした。

閏《うるう》七月、時政と牧の方が将軍源実朝を殺害し、平賀朝雅を将軍に立てようとしている、という噂が流れます。義時は姉の政子と計って、実朝を時政の元から救出。先の重忠の一件で御家人の支持を失っていた時政は、完全に孤立しました。彼は一命だけは助けられ、伊豆の北条へ悄然《しょうぜん》と引退していきます。

平賀朝雅は京都で討たれました。彼が帯びていた武蔵の国司と守護の官職は、義時に忠実な弟、時房に与えられました。「江間」義時は晴れて北条家を継承し、政所《まんどころ》別当（政所の長官）に就任します。将軍を補佐する彼の地位は、この頃から敬意をもって「執権」と呼ばれるようになりました。

ちなみに、牧の方は京都に帰り、裕福な第二の人生を送っています。実にたくましい女性ですね。

## 史料は「得したのは誰か」で読む

元久二（一二〇五）年、鎌倉武士の中の鎌倉武士、畠山重忠と一族が滅んでいきました。畠山氏の抹殺を強引に推し進めた北条時政への批判が、御家人の中で高まります。直後に娘婿である平賀朝雅《ともまさ》を源実朝に代え、将軍に擁立しようとした時政の陰謀が露見。子息の北条義時は時政を引退させて、執権の地位を引きつぎました。時政は伊豆に追放され、朝雅は京都で討たれました。そう『吾妻鏡』は記しています。

この一連の事件に隠されたテーマは、「武蔵国の覇権の争奪」であると考えられます。畠山氏は武蔵随一の武士団、秩父党の棟梁。由緒正しき名家です。実体が伴わぬ名誉職だったようですが、「武蔵惣検校《そうけんぎょう》」なる肩書も保持していた。一方の平賀朝雅は、父の義信の代からの、武蔵の国司かつ守護。土着の勢力ではないものの、こちらもれっきとした武蔵武士のボス。両者は互いに、目の上のこぶといった存在。その畠山氏・平賀氏が共倒れのようなかたちで、跡形もなく姿を消した。

そのあとを襲ったのが、言わずと知れた北条氏です。国司と守護の職も、豊かな所領も北条氏のものとなり、その状態は鎌倉幕府の倒壊まで、変わることがありませんでした。さらに細かく言うならば、最大の受益者は北条義時です。本来は北条本家を嗣ぐ立場になかった「江間義時」は、父を否定して「北条義時」となり、姉である政子と組んで、幕府政治の主導権を掌握しました。

北条義時の動向が、いかにも怪しい。畠山重忠に謀反の意思などありません、と時政を諫《いさ》める。でも時政が強硬なので、やむを得ない、という体で重忠を討つ。次には重忠討伐で生じた御家人の不満をすべて時政に押しつけ、世代交代を実現する。返す刀で、平賀も葬る。義時一人が、いわば「丸もうけ」なのです。

義時が政権を奪取してほどなく。重忠の子が僧になり、生き延びていた事実が判明しました。重忠を討った後も、その無実を説いてやまなかった義時です。かねてからの友情を思うと涙が止まらない、なんて言っていた義時です。そんな彼ですから、重忠の遺児を大切にするはず。お寺を造り、重忠らの菩提《ぼだい》を弔わせるのかな。それとも還俗させて遺産を相続させ、畠山家を再興するのかな。ところが、ところが。義時は彼を捕らえて、処刑してしまいました。なあんだ、やっぱり義時も、ぐるだったんじゃないか。

第5章でふれましたが、このころ、父親の権限は絶大でした。遺産の配分においては「父親の意思がすべて」であり、幕府権力ですら介入できなかった。武士は父親の許しを得てはじめて、家の当主であることを周囲から認められました。下剋上が一般的になった戦国時代においてすら、兄弟の争いは頻発しますが、親殺しはめったにない。父である道三を討った美濃の斎藤義龍は、親殺しの汚名を避けるためでしょう、斎藤の姓を棄てて、母方の一色（丹後の守護家）を名乗ったほどです。

栄光ある鎌倉北条氏の始まりに「親への反逆」があるのは、いかにもまずい。『吾

◆ 北条時政と竜神

芳年が描いた、竜神の鱗（うろこ）をいただく北条時政（静岡県立中央図書館蔵）。建久元（一一九〇）年、北条時政が江の島に詣でて子孫繁栄を祈願したところ、竜神が出現して鱗を三枚残して消えた。そこで時政は「三つ鱗」を家紋とした、という。これはその場面を描いたものか。女神が宇賀神弁財天だとすると、竜の化身であって、所伝に合致する。

妻鏡』の編纂者は、そう考えたのではないでしょうか。それで、筆をあえて曲げた。あるいは、叙述に工夫を凝らした。その結果として、畠山重忠が英雄として活写されることになった。ぼくはそう考えます。

『吾妻鏡』はなぜ畠山重忠を特別扱いするのか。他にもひとかどの御家人があまたある中で、なぜ彼の行動や内面だけをじっくりと描写し、鎌倉武士の代表として語るのだろうか。

もちろん、重忠が大力で廉直《れんちょく》で、周囲の敬意を集めた人物であったのは疑いないでしょう。でも、それだけではない。彼は北条父子が決裂する事件の当事者だったのです。北条義時は父の時政を追放し、幕府の主導権を奪取した。けれども、当時の通念からすると、父への反逆は大罪です。義時以降、連綿と幕府のあるじとして君臨する北条氏の覇権が、父の追放から始まるのは、まことによろしくない。

そこで『吾妻鏡』は工夫しました。畠山重忠を持ち上げました。重忠が立派な武士であることを殊更に強調し、慎重に伏線を張っておいたのです。その重忠を、「かくあるべき御家人の生き方」を体現してみせる彼を、なんの咎《とが》もなく、北条時政は謀殺してしまった。時政は私欲にとらわれ、大きな過ちを犯した。だから、子息の義時に背かれても致し方ない。義時は父を犠牲にしてまで、「かくあるべき御家人の生き方」を守ってみせたのだ。さあみんな、安心して我らがリーダー、北条氏についていこう！　そういう物語を作り上げたのではないでしょうか。

## 「力がすべて」だった中世武士

時代劇といえば「チャンバラ」。刀は武士の魂ですし、武士が必要とする武芸は剣術。そう思いがち。江戸時代であればそれで正しいのです。でも中世は違う。そもそも武士とは、狩猟の技術に練達した人。子供の頃から、馬の乗り方と弓矢の扱いを徹底的に仕込まれる。もちろん、いくさとなれば刀も振るうわけですが、それよりも弓騎兵であることが第一義。『吾妻鏡』を見ると、「弓矢の腕くらべ」はしばしば催されていますが、剣の技量を競う「御前試合」のようなものは出てきません。

私たちは、江戸時代のイメージで武士を見てしまいます。ですが、中世の武士は相当に違う。「刀と弓」はその好例ですが、彼らの思想・学問・慣習にもそれが当てはまるように思います。江戸時代の武士は儒学を学んでいた。君には忠、親には孝。学問の苦手な人でも、「修身斉家治国平天下」の理屈くらいは理解していた。

一方で、中世武士はどうか。とくに源平合戦の頃の武士ならば、よほど好学でもないと、儒学に関心を持っていなかったはずです。何しろ彼らは、漢字を書くのもおぼつかない。家が大事であって、祖先は崇《あが》めるべきだ。主君は忠節を尽くす対象で、そ

◆ 幕末期の「大義」

幕末の浮世絵師、照皇斎(歌川)国広が戊辰戦争での官軍勝利を描いた「毛理嶋山官軍大勝利之図」(六枚続きのうち右側の三枚、東京大学史料編纂所蔵)。「毛理嶋山」は、「毛利」と「島津」と「山内(土佐藩)」を合わせた造語のようである。鳥羽伏見の戦いを描いたもので、ここに赤地の錦に金色の日像・銀色の月像を刺繍(ししゅう)した「錦の御旗」が描かれている。倒幕勢力は天皇を「玉(ぎょく)」と呼び、「玉」を確保することで幕府を討つ大義を獲得した。

の馬前で討ち死にすることは武士の名誉だ。そうしたことは実感として体得しているが、儒学の細かな論理とは縁遠かったのです。

源頼朝が旗揚げした直後、石橋山で合戦がありました。頼朝の兵は三百。対する平家方は三千。命をかけた戦いを前にして、頼朝の舅の北条時政が、頼朝討伐軍の大将格、大庭景親《かげちか》に舌戦を挑みます。大庭よ、お前の家は代々源氏に仕えてきたではないか。頼朝さまに弓を引くとは何事であるか。早く降参せよ。すると景親は言い放ちます。「昔は昔。今は今。恩こそ主よ」(『源平盛衰記』)。それが彼らの「弓矢の慣《なら》い」であり、儒教とは異なる行動理念でした。

この意味で、歴史解釈でしばしば語られる「大義名分」という概念は、要注意だと私は思っています。たしかに戊辰戦争においては、「錦の御旗」を翻した「官軍」は、賊軍を撃破しました。大義に基づく行動が善であり、義のない勢力は一時は優勢でも、やがて滅びていく。そうした歴史理解は、明治以降に定着していきます。でも、それが中世にも適合的であるとはかぎらないのです。

もっとも端的な例は、承久の乱でしょう。承久三（一二二一）年、後鳥羽上皇は北条義時を討て、との指令を発しました。上皇は歴代の天皇の中でも抜群の英才であり、すぐれた文化人でした。軍事にも明るく、上皇に直属する朝廷軍を組織し、京都周辺の有力武士たちを次々に従えていきました。準備は十分に整えられ、追討令さえ出れば、全国の武士たちは皆ひれ伏すだろう、と期待されていたのです。

ところが、鎌倉の武士たちは、「朝敵」北条義時を支持しました。上皇の命令を聞かず、錦の御旗を恐れず、大軍を以て瞬く間に京都を制圧。上皇の嫡孫、仲恭天皇をむりやり皇位から退け、新たな皇統を立てました。後鳥羽・土御門《つちみかど》・順徳の三上皇は隠岐・土佐・佐渡に流されました。幕府の行動には、儒教のいう「大義」はどこにもありません。彼らは実力で朝廷を圧倒、まさに古代ギリシャの哲学者ヘラクレイトス

（BC五四〇ごろ～BC四八〇ごろ）がいうように、「戦いが王を作る」。源頼朝没後に政敵を次々に粛清してきた北条義時は、野蛮な、しかし新しい「東国の王」だったのです。

# 第8章　利休は強欲だから秀吉に殺されたのか

## 秀吉の「お姫さま好み」の理由

小説の世界では、豊臣秀吉は若いころから織田信長の妹、美人の誉れ高いお市の方に恋いこがれていた。けれどお市は秀吉を嫌い、彼のライバルである柴田勝家と再婚し、滅びの道を選択したといいます。ですが良質な史料からは、秀吉がお市を好きだったこと、お市が秀吉を避けたこと、ともに確認することができません。

秀吉と女性を考えると必ず指摘されるのは「女性大好き」かつ「お姫さま好み」。彼高貴な家の出身者に執着した点です。これは、信長や徳川家康には見られません。彼らも多くの妻妾《さいしょう》をもちましたが、その大半は名もない家の娘でした。子連れの未亡人も多い。

信長と家康に共通するのは、主人として生まれついたこと。下剋上があったり、隣国が攻めてきたり、と厳しいのだけれども、ともかく人の上に立つのが当たり前。おおらかに育っているから、女性に人間らしく対応できたのかも。結婚歴、子供の有無、年齢、家柄。そんなものにはこだわらない。いま目の前にいる、この女性を愛するかどうか。

ところがさんざんに苦労している秀吉は、そうはいきません。もうなにが何でもお姫さま。こころみに、名前が明らか（『伊達世臣家譜』）な愛妾六人をあげてみると、淀どの（お市の方の娘）▽三の丸どの（信長の娘）▽姫路どの（信長の弟の信包《のぶかね》の娘）▽松の丸どの（京極高吉の娘）▽三条どの（蒲生氏郷《がもううじさと》の姉妹）▽加賀どの（前田利家の娘）――となります。有名ということは、それだけ寵愛《ちょうあい》の度が深かったということですから、この人たちが秀吉の奥向きの主要メンバーだったことは間違いがありません。しかもそこには、織田家の関連の女性が三人も含まれている。

◆ 秀吉の女性好き

豊臣秀吉画像（模本、東京大学史料編纂所蔵）。宣教師フロイスは『日本史』に「秀吉は極度に淫蕩（いんとう）で、悪徳に汚れていた」と記し、秀吉自身も甥の秀次を「女性にうつつを抜かすな。私の真似をしてはならん」と戒めている（天正十九年十二月二十日、本願寺文書）。

　これはうーん、すごくわかるような気がしませんか。軽輩であった自分にはとても手の届かなかったお嬢さまたち。彼女たちを侍《はべ》らせることにより、秀吉は「ああ、私はついにここまでになった」。そうした思いを新たにしていた。そして絶対の主人であった信長の血筋。それは彼にとって、何にもまさるあこがれだったのでしょう。

こんな状況があって、秀吉のお市への恋慕、というエピソードが定着した。でも彼にしてみれば、織田家のお姫さまを追い求めたのであって、お市という特定の女性である必要はなかったのではないでしょうか。そこには多少のズレがある。そのズレが歴史研究と歴史小説の違いになるわけですが、さて、どちらがおもしろいのか。研究は小説に負けないくらい、興味深い話題を提供しなくては、そう思っています。

## 「芸術家の処罰」という難題

　最近、千利休について、あれこれと調べています。そうすると、どうしても、「秀吉はなぜ、利休に切腹を命じたのか」という難題にぶつからざるを得ない。その答えとして、権力者と芸術家の価値観は往々にして激しく衝突し、それは芸術家の処罰、甚だしい場合には賜死《しし》にまで行き着くことがある。たとえば足利義教と世阿弥（佐渡へ流罪）、秀吉と山上宗二《やまのうえそうじ》（斬首）、家康と古田織部（切腹）が例となる。そういうふうに説明してしまって良いものなのかどうか。気になって仕方がありません。

　実証的な歴史学にあっては、禁欲的な態度を保つことが求められる。多くの人の理解を得ることを目指していますので、研究者の思い入れでモノを言うことは制限されます。ですから研究者は、歴史的人間の感情であるとか、射程の短い目的意識などには立ち入らないし、また、立ち入れないのです。

　たとえば文治五（一一八九）年閏四月三十日、源義経は兄の頼朝の政治的圧力により、自害に追い込まれた。義経が大陸に逃れてジンギスカンになったなどというのは単なるよた話にすぎず、史実は右の通りなのですが、ではこのとき頼朝は、いちいちオレに逆らう憎たらしい弟を滅ぼしてやったぞ、と快哉《かいさい》を叫んだか。それとも、武人政権を確固たるものにするためとはいえ、愛する身内を犠牲にしてしまった、と人知れず涙したか。それは歴史学では語れない。頼朝の胸のうちを推し量るのは、文学の仕事になります。

この意味で、利休の死を考察することは、たいへんに難しい。ただし、質は問わない。実証的に見えさえすればそれで良い、というなら、たとえばこんな説を立てることもできる。試みにご紹介しましょう。

『多聞院日記』には、利休は強欲にすぎた、とある。読みやすくして記すと、「数寄者の宗易（利休）、今暁、腹切りおわんぬ。近年、新儀の道具ども用意して、高値に売る。売僧の頂上なりとて、もってのほか、関白殿お腹立ち」（天正十九年二月二十八日条）。売僧は「まいす」。がめつく利潤を追求する、堕落した僧侶のことです。利休は清貧を善しとする禅宗に帰依していた。にもかかわらず、売僧の随一であったから、怒った秀吉に切腹を命じられた。少なくとも興福寺多聞院の英俊法印《えいしゅんほういん》は、そう理解していた。

利休はこんな手紙も遺しています。「鳫《かり》の塩引きなどは、下され候ても、いり申さず候、自然、銀子など候はば、一折給うべく候、……とてもの事に、銀をも、精を入

◆死を命じる将

歌舞伎『一谷嫩軍記（いちのたにふたばぐんき）』、「熊谷陣屋」の源義経（静岡県立中央図書館蔵）。幕末から明治にかけて活躍した浮世絵師、豊原国周が描いた。平敦盛は実は後白河法皇の落胤（らくいん）であった。高貴な敦盛の命を救うため、義経は家来の熊谷直実に対し、息子の小次郎を犠牲にすることを強いる。史実とは無関係であるが、義経の人物造形がきわめて難しい役どころである。

れられ候て、下さるべく候」（年月未詳、七日付、芝山宗綱あて書状。桑田忠親『千利休の書簡』一四一号）。鳫の塩漬けなんていりませんよ。送ってこないでくださいね。もし銀があったら、それこそが望みです。精を出して銀を送ってください、銀を。

「次に、筆をこまごま下され候とて、慶《よろこ》び半ばに喜び候。同じくは、銀をお添え候はば、なおなお然るべく候」（年月日未詳、宛先不明、書状。同書五八号）。いろいろと書き送ってくださって、半分くらいは喜んでいます。でも、どうせなら、銀を添えてくれたなら、本当にうれしかったのになあ。

この文書を文字通りに読めば、利休の

貪欲は疑いない。彼が世間から売僧と悪口を言われ、それを嫌った秀吉に処罰された、とする仮説には理があるようにも見えます。でも、ぼくは、違う！　と思う。「利休＝売僧」説を情緒的にではなく、あくまでも理性的にどう否定していくか。それは次項で。

## 利休「強欲説」は公平な評価か

　前項で、千利休の話をしました。『多聞院日記』には、利休が強欲にすぎ、豊臣秀吉から切腹を申し付けられたとあります。これ、どう理解すべきでしょうか。

『多聞院日記』は奈良興福寺の塔頭《たっちゅう》、多聞院において、一四七八年から一六一八年にかけて書き継がれた日記です。利休の記事も含めて、そのうちの多くを書いたのが法《ほう》印権大僧都《いんごんのだいそうず》の英俊（一五一八～九六）。彼は大和の豪族、かつ興福寺大乗院方に属した十市《とおち》氏の出身。大和国は特殊な地域で、国内の有力武士（国人《こくじん》といいます）が守護大名に仕えるのではなく、興福寺の被官になっていました。英俊の十市氏もそうした武家ですが、彼らの中でもっとも優勢だったのが、戦国大名化していく筒井氏でした。

　大和の戦国大名というと、松永久秀がすぐに想起されます。三好長慶《ながよし》の権力を後ろ盾とした久秀が大和に侵攻してきた頃、同国に覇を唱えていたのは筒井順昭《じゅんしょう》でした。彼は英明な人物でしたが、二十八歳の若さで病死。あとには、わずか二歳の順慶《じゅんけい》（一五四九～八四）が残されました。「元の木阿弥《もくあみ》」は、この時のお話です。

　順慶を奉じた筒井氏は、大和の領国化を進める久秀に反抗しました。両者の戦いは

◆利休の孫弟子、小堀遠州

安土桃山から江戸時代初期にかけて活躍した大名にして通人、小堀遠州（一五七九～一六四七）の肖像（模本、東京大学史料編纂所蔵）。名は政一。茶人、建築家、作庭家。父の正次が豊臣秀長の家老を務めた。秀長は千利休に師事し、山上宗二を招くなどしたため、その本拠である大和郡山は京・堺・奈良と並ぶ、茶の湯の盛んな土地となった。秀長の小姓だった遠州は、利休と出会っている。利休の高弟、古田織部に師事。秀長に仕えていた藤堂高虎（たかとら）の養女を妻とした。

四半世紀を超え、最終的には久秀が織田信長に滅ぼされることにより、決着がつきます。改めて大和の大名になった順慶は本能寺の変後、明智光秀からぜひ味方に、と誘われますが拒絶。日和見を意味する「洞ケ峠」のエピソードを残して秀吉に臣従し、家を守りました。二年後、彼は亡くなり、養子の定次《さだつぐ》が跡をつぎます。

天正十三（一五八五）年、秀吉は四国攻めの後に、領国内の大規模な国替えを実施しました。その一環として、大和には秀吉の弟・秀長が入国し、定次は大和から伊賀へ移されました。多聞院英俊は筒井氏に好意的で、外来の秀長を嫌っていた。たとえば、河合隼雄さんが分析して有名になった記事ですが、筒井氏が大和の大名として帰還する夢を見て、これは正夢に違いない、と喜んでいます（『明恵　夢を生きる』）。それから、こちらは司馬遼太郎さんが注目していますが、秀長の死去に際しては「多くの財産を蓄えたが、あの世には持参できない。あさましいことだ」と書いています（『豊臣家の人々』）。

興福寺はかつて、大和国内に多くの所領を持っていました。中世を乗りこえて出現した「新しい権力」である「豊臣大名」は、それを保護するわけにはいきません。だから、秀長と興福寺の英俊の利害の対立は、不可避だったのです。英俊が彼をよく言うはずがない。そして、その秀長が手厚く遇していたのが利休でした。すると、英俊の利休評価は、客観的で公平なものではなく、きわめて主観的・感情的なものだったと考えられます。それゆえに、冒頭に記した「利休＝強欲」説は、疑ってかかるべきだと思えるのです。

## 「美」の値付け人だった利休

（一）「鳫《かり》の塩漬けなんていりませんよ。送ってこないでくださいね。もし銀があったら、それこそが望みです。精を出して銀を送ってください、銀を」（年月未詳、七日付、芝山宗綱あて書状。桑田忠親『千利休の書簡』一四一号）
（二）「いろいろと書き送ってくださって、半分くらいは喜んでいます。でも、どうせなら、銀を添えてくれたなら、本当にうれしかったのになあ」（年月日未詳、宛先不明、書状。同書五八号）
「利休＝強欲」説を採らないとすると、では（一）と（二）はどう解釈するのか、です。そこでぼくは、次の文書に注目します。利休が博多の豪商、島井宗室にあてて書いた手紙で、こんなことを言っているのです。
（三）「秀吉様があなたから大切な軸物（禅僧の書か）をもらった礼として、金五十枚と般若壺を送ります。この般若壺は私が金三十枚で買って、その後に秀吉様の所有になったものですので、あなたが壺は不要ということでしたら、私が換金して送ってあげます。現在の金の相場だと、全部で二千貫になる勘定です」（天正十六年閏五月

十九日付書状、同書一八〇号）
　般若壺が金三十枚ですから、軸物の礼金は、あわせて金八十枚。これが当時の相場で二千貫になる、という。金というのは「枚」で数えているところから、（三）が書かれた天正十六年に初めて鋳造された、天正大判のことかと想定できます。ただそうすると、大判一枚は小判で十枚、小判一枚は一両で、高く見積もっても一枚十万円ほど。すると金八十枚は八千万円。一方でぼくは一貫がだいたい十万円くらいかな、とずっと思っていたので二千貫は二億円くらいになる見当です。ちょっと開きがある。でも、大判はできたてのほやほやですので、珍しくて

◆博多の豪商、島井宗室

島井宗室（一五三九～一六一五）の肖像（模本、東京大学史料編纂所蔵）。宗室は博多の豪商、茶人。酒屋や金融業を営むかたわら、明や李氏朝鮮と貿易を行い、巨万の富を築き上げた。織田信長・豊臣秀吉の保護を得た。博多に入封した黒田氏にもさまざまに協力している。賛を書いた江月（こうげつ）宗玩（そうがん）は禅僧で、津田宗及（そうぎゅう）の子。博多崇福寺の住持であったとき、島井家と親しく交わったのであろう。

価値が高かった、ということで良いのでしょうか。

数字の整合性はよく分からないとしても、ここで知るべきは、軸一つが金八十枚、壺一つが金三十枚という、驚くべき高値で取引されていたことです。それですぐに想起されるのが、織田家中で秀吉と同僚だった滝川一益《かずます》の話。天正十（一五八二）年に武田家を滅ぼした後、一益は上野一国と信濃二郡、石高でいえば五十万石を超える大封を得ました。ところが彼は喜ばなかった。こんな田舎の領地より、私は村田珠光《じゅこう》ゆかりの茶入、小茄子が欲しかった、とグチったわけです。もちろん、話自体が史実かどうか、史実だったとして彼の本音か、という問題はあります。ですが、それが語り伝えられたのは、上野一国と小茄子が等価値というところに、一定の説得力があったゆえです。

美術品の難しいところで、その素晴らしさがいかほどか、は自明ではない。美を鑑定する人、その鑑定結果を広く納得させることができる人、を必要とする。そして、そうした美のカリスマが、他ならぬ利休なのです。彼は美術品の価値を創出する立場にあった、ともいえます。ですから彼がお金に困らなかったのはむしろ当たり前で、その彼がいまさら「銀をくれ」なんて、本気で言うはずがない。そうぼくは思います。（一）と（二）の文言は、利休のさもしい心根などではけっしてなく、確かに品は良くないかもしれませんが、ユーモアと解釈するのが妥当でしょう。利休は美をつかさどる者として、大きな金を動かした。けれどもそれは、彼が強欲であったこととイコールではないのです。

# 第９章　「利休七哲」と徳川大奥

## 利休の愛弟子「神七」の謎

「徳川家康の四天王」だの「松尾芭蕉門の十哲」だの「AKBの神の七人」(これは違うか)がいるように、千利休には「利休七哲」と呼ばれた、七人の高弟がいました。これは利休当時からの呼称ではなく、千家第四代、千宗左《そうさ》(一六一三〜七一)が書いた『江岑夏書《こうしんげがき》』に見えます。それによると、七哲とは次の人々。

○蒲生氏郷《うじさと》(一五五六〜九五)
○高山右近(一五五二〜一六一五)
○細川忠興《ただおき》(一五六三〜一六四六)
○芝山宗綱《むねつな》(生没年未詳)
○瀬田掃部《かもん》(一五四八?〜九五)
○牧村利貞(一五四六〜九三)
○古田織部(一五四四〜一六一五)

同じく七人の高弟には、台子手前《だいすてまえ》（棚物の台子を用いた格式の高い手前のこと）を豊臣秀吉に許可された「台子七人衆」（『細川三斎茶書』『貞要集』などに見える）というくくりもあって、これには牧村利貞と古田織部の名が見えず、代わりに豊臣秀次と木村重茲《しげこれ》（秀次の家老）が入っています。

「台子七人衆」が先にあった。そこから豊臣政権に叛《はん》した、つまり国家の罪人となっ

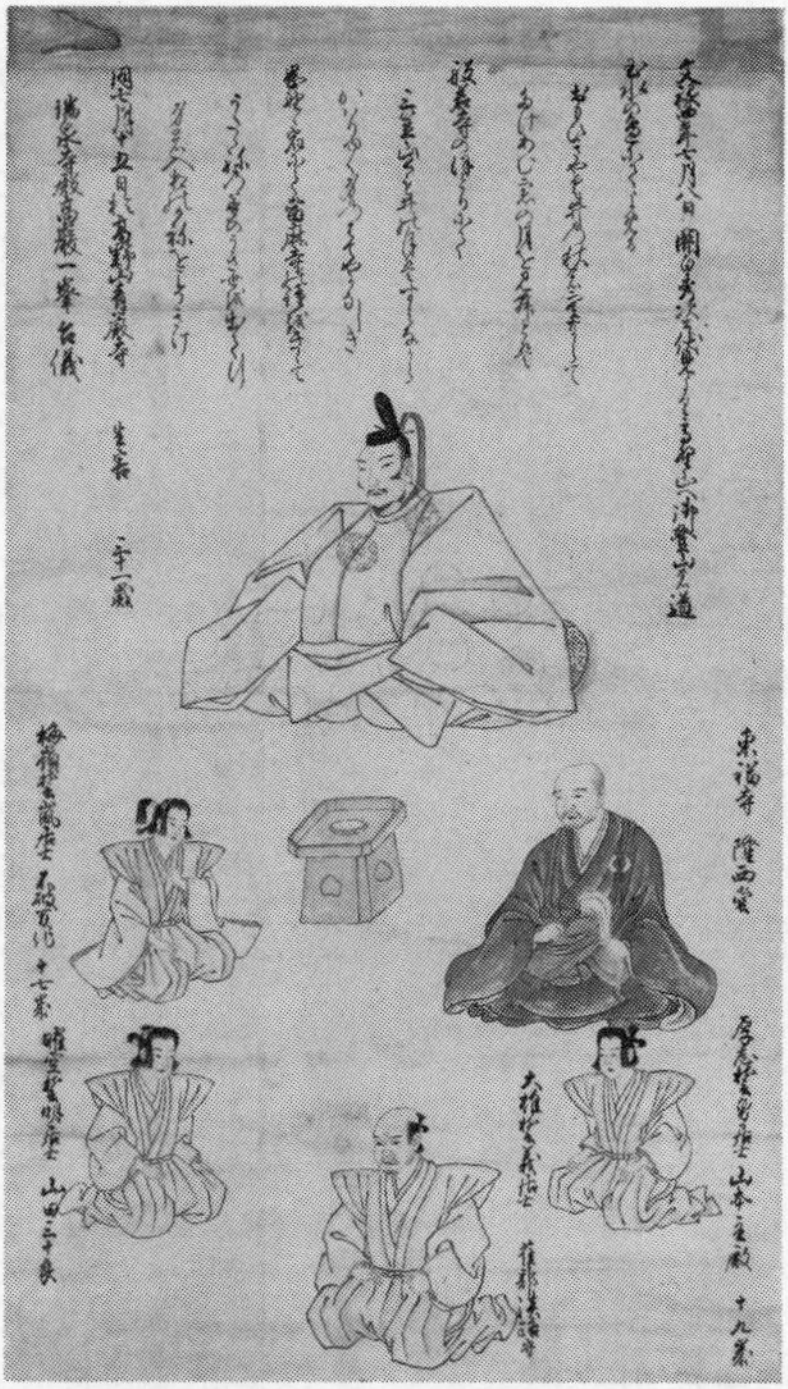

◆ 豊臣秀次と五人の家臣

京都・瑞泉寺に伝わる豊臣秀次（一五六八～九五、図版の最上段）および殉死した五人の家臣を描いた肖像（模本、東京大学史料編纂所蔵）。秀次は秀吉の実姉、日秀（にっしゅう）の子。三好康長の養子となって三好信吉を名乗るが、秀吉の養子となって羽柴秀次となる。秀吉実子の鶴松が死去すると秀吉の後継者となるが、同じく実子の秀頼の誕生後、疎まれて死を賜る。木村重茲は淀十八万石の大名で、秀次の家老を務めた。秀次と同じく、自害を命じられた。

た秀次と重茲の名を嫌って削り、改めて利貞と織部を加えたのが「利休七哲」かな。そう考えてみました。けれども、そうすると、秀次に連座した瀬田掃部の名が両方にあるのを説明できません。徳川幕府から死を賜った織部が加わるのも、ヘンです。

「七哲」と「七人衆」。両者の関係は簡単ではない。再考いたします。

さて「利休七哲」の人々はみな、秀吉に仕えた武人です。秀吉が豊臣の姓を賜った天正十四（一五八六）年で区切ってみると、

○蒲生氏郷＝三十一歳　伊勢・松ケ島城十二万石（三重県松阪市）
○高山右近＝三十五歳　播磨・船上城六万石（兵庫県明石市）
○細川忠興＝二十四歳　丹後・宮津城十二万石（京都府宮津市）
○芝山宗綱＝不明　秀吉直属の馬廻り（江戸時代でいえば、有力な旗本）
○瀬田掃部＝三十九歳？　秀吉直属の馬廻り
○牧村利貞＝四十一歳　伊勢・岩出城二万石ほど？（三重県度会郡玉城町）
○古田織部＝四十三歳　山城・西岡三万石ほど（京都府向日市）

この時点では、氏郷も忠興も十万石足らず。みな中・小規模の大名です。秀吉に親

しく仕え、京都に近いところに領地をもつ武士たちが、千利休に茶を学んでいたのです。

この人々にはおそらく交流があったと思われますけれども、そのネットワークの要の位置にいたのは、師の利休を別にすると、高山右近だったのではないか、というのがぼくの説です。まずは右近が信仰していたキリスト教。氏郷と利貞は、右近の勧めによって、キリシタンの洗礼を受けました。忠興（妻はガラシャ）は洗礼は受けませんでしたが、キリスト教に理解を示しています。

次に仕事関係。掃部は右近の推薦によって、豊臣秀吉に仕えたといいます。宗綱は、織田信長から摂津を任されていた荒木村重《むらしげ》の配下だったようですが、同じ時に右近は摂津高槻城主で二万石。やはり村重に属していました。宗綱と右近は同僚だったのです。面識は当然あったでしょう。

それから血縁。同じく村重の有力な配下に中川清秀（茨木城主）がいましたが、清秀の父と右近の父とは兄弟でしたから、二人はいとこ。清秀の妹が古田織部の正室として嫁いでいましたので、右近と織部も義理のいとこになるのです。というわけで、みんなが右近とつながりました。

## 大島優子とキャラが似ている蒲生氏郷

「利休七哲」の首座、蒲生氏郷《うじさと》について触れていこうと思っています。AKBの「神の七人」の不動のセンターは言わずと知れた前田敦子さんですが、氏郷は前田さんとはキャラが異なります。似ているのは、大島優子さんの方。二〇一四年にAKBから引退した大島さんですが、いってみれば完璧超人。歌って良し、踊って良し、演技して良し、グラビアも良し、リーダーとしてまた良し。氏郷も文武両道。仏教・儒教の教養を学び、歌や茶の稽古をし、家来たちに慕われた「できる男」でした。

彼は新しく召し抱えた家来に、次のように教訓したといいます。わが蒲生家中に銀の兜をかぶった者がいる。戦場では先駆けして、命を惜しまずよく働く。彼の者に負けぬようにして、勇敢に敵と戦うように。いざいくさになり、その新参の士が目をこらして見ていると、たしかに銀の兜をかぶった武者が、真っ先に敵に突き進んでいきます。さらによくよく見てみると、それは何と、氏郷本人でした。新参の士が、殿に続けと、急ぎ敵陣に突撃したのはいうまでもありません。

真っ先に敵とぶつかっていく氏郷、というイメージは、武将たちのあいだで共有されていたのかもしれません。ある時、秀吉が家康以下の諸将に尋ねました。「織田信長さまが五千、蒲生氏郷が一万の兵を率いて合戦したとする。みなみなは、どちらが勝つと思うか」。みなが返答できないでいると、秀吉は「わしは信長さまが勝つと思う。なぜなら蒲生勢から兜首を五つも取れば、そのうちには必ず氏郷の首があるだろ

◆「できる男」蒲生氏郷

こちらは男爵九鬼家に伝わった氏郷の肖像（模本、東京大学史料編纂所蔵）。本文では氏郷の「一騎がけ」について述べたが、藤田達生氏の研究によると、説話と実像とはイメージが大きく異なる。氏郷は大きな領地を与えた家臣を多く召し抱え、その人物を部隊長として組織的な軍事活動を実行していた、というのである。確かに蒲生家中には、一万石以上を領する大身の家臣がいて、その数は他家に比べて多い。しかも彼らは「蒲生」の苗字と「郷」の字を与えられて「蒲生郷○」と名乗っていて、区別するのに骨が折れる。たとえば蒲生郷成は本姓は坂。白石四万石を領し、息子の郷舎は関ケ原の戦いの時は石田三成に仕えていた。

う。反対に、信長さまは兵が四千九百まで討ち取られても、討死することはあるまい。大将が討たれては、いくさは負けじゃからな」と答えを披露したといいます。もちろんフィクションですが、氏郷の性格がよく表現されています（そういえば、アレキサンダー大王の頃のマケドニアを描く岩明均氏の『ヒストリエ』＝講談社＝というコミックにこの話が用いられていて、ビックリした覚えがあります）。

氏郷の生涯をたどっていったときに、私はしばしば驚かされます。その原因は「大抜擢《ばってき》」。氏郷は信長からも、秀吉からも、その栄に浴している。だいたい、武士社会において褒美をもらうときは、功績ありき。人より優れた実績をまず示し、それに見合う領地をもらう。ところが氏郷の場合、先に褒美がある。氏郷の働きを見越しての、報酬の前渡し。こんな例はあまり見られません。

氏郷は近江の国人、蒲生賢秀の子で幼名は鶴千代。父が信長に従ったため、鶴千代も信長に仕えました。ここで第一の大抜擢が待っていた。信長は自ら烏帽子親になって鶴千代の元服を執り行ってくれた。そのうえ、娘の冬姫をめとらせたのです。まだ何の仕事もしていないのに、実績主義の権化のような信長がなぜ？　信長の周囲の少年たちの中で、鶴千代の才気は飛び抜けていた。そうとしか考えられません。

第二の大抜擢は、秀吉が小田原北条氏を滅ぼしたとき。奥州の抑えとして、氏郷に会津四十二万石が与えられたのです。もとは伊勢松坂（松ケ島城）十二万石。ずっと秀吉に仕えていた蜂須賀正勝・家政父子がこのころ阿波十八万石、黒田如水が豊前中津十二万石ですから、この加増は世間を驚かせたでしょう。それでも同輩の大名たちが納得せざるを得なかったのは、「あいつは、できる」というのが、皆の共通認識になっていたからだと思われるのです。

## この形でナマズ？　氏郷の兜の謎

蒲生氏郷について書きましたが、二〇一四年二月五日の朝日新聞夕刊に、彼の兜についての記事を見つけました。……あれ？　燕《つばめ》の尾のように二股に分かれたこの兜、普通は「燕尾《えんび》形兜」っていうんじゃないのかなあ。だけど、記事には「魚の尾を思わせる鉢の形状から、『鯰尾《なまずお》』の兜と呼ばれていたらしい」とあるぞ。おかしいなー。ぼくはこの記事を書いたベテラン記者を知っているのですが、単純なミスを犯すような方ではない。不審に思っていたら、何人かの方から教えられました。記者さんは、取材先の意見を尊重されたのでしょう。所蔵者の岩手県立博物館が、「鯰尾兜」としているのですよ、と。なるほど、博物館サイト（http://www2.pref.iwate.jp/~hp0910/tenji_floor/2f-rekishi.html）には確かにそう記されている。厚かましくも電話で尋ねてみると、学芸員の方が、「この兜を伝えてきた南部家では、鯰尾、と言いならわしているのです」とお答えくださいました。同家の宝物台帳に「鯰尾」の記載がある。

博物館のサイトに「形態は燕尾形と呼ばれる変り兜ですが」と断り書きがしてあるように、この兜の形状は、普通は「燕尾形」と呼ばれるものです。たとえばその実例は、靖国神社所蔵の兜で確認できます。一方で、雑誌『歴史人』の公式サイトの「名将甲冑大全」に見えるように（http://www.rekishijin.jp/kachu-blog/20120803namaz/）、「鯰尾形」というのは、長細い形状です。となると、南部家の認識と現代的な兜の類型分けにズレがあった、と考えるべきなのでしょう。実際の名前と学術的な名称が異なっている、という事態はままあることですので、ことさら異とするに足りません。

◆ 氏郷の「鯰尾兜」

蒲生氏郷所用の燕尾形兜（岩手県立博物館蔵）。「鯰尾兜」として伝わる。正真正銘の「鯰尾兜」をかぶった人物として有名なのは、前田利家、利長父子である。利家は身長が一八〇センチくらい。当時としては抜群の長身であった。それをさらに目立たせるために、長細い鯰尾兜を愛用したのであろう。前田父子と氏郷はたいへん仲が良かったので、「氏郷といえば鯰尾兜」の認識も、前田家が関係しているのかと考えたのだが、今のところよく分かっていない。

それから鯰尾にせよ燕尾形にせよ、こんなに目立つ兜をかぶった武者が先頭を切って突撃してきたら、鉄砲のかっこうの餌食である。常識的に考えて、「氏郷の一騎がけ」の話は眉唾だと思った方が良いだろう。

むしろ問題は、なぜ南部家は「鯰尾」と呼んだのか、という方です。

たぶんヒントは『名将言行録』の記事に求めるべきでしょう。前項で書いたように、氏郷は新参の士に「勇敢に戦え」とハッパをかけたのですが、そこの記事を正確に抜き出すと、「我旗本《わが》に銀の鯰尾の冑《かぶと》を戴き先陣に進む者有り、此者に劣らず働くべしと言はる」。銀の鯰尾の兜をかぶって先陣を行く者に負けずに働け、と励まし、実はその銀の兜の男は氏郷本人だった、というオチです。また同書には「氏郷、初陣の時より、銀の鯰尾の冑を戴き、常に先陣に進みたり」ともあります。

『名将言行録』は幕末の館林藩士・岡谷繁実《おかのやしげざね》が安政元（一八五四）年から明治二（一八六九）年まで、十五年をかけて完成させた本です。岡谷は編纂にあたりさまざまな史料を博捜《はくそう》したようですが、その取捨選択は恣意《しい》的で、またそれぞれの叙述についての典拠の明示もありません。そのため、厳密な「歴史資料」として使うことはできない、というのが学界のコンセンサス。

ですが、この件に関して言うと、「氏郷といえば銀の鯰尾の兜」という認識が広くあったのではないでしょうか。それが『名将言行録』の叙述に採られた。また、彼の養女（のち源秀院）が嫁に行った南部家では、氏郷から贈られた兜（厳密な形状は「燕尾形」）を「鯰尾形」と呼びならわすことになった。

意外かもしれませんが、氏郷が使った「鯰尾形」の兜は、現代には伝わっていないのです。だから、彼の出生地である近江日野の氏郷像も鯰尾兜をかぶっていますが、実は彼が常用していたのは、燕尾兜の方だったのかもしれないのです。

## お茶と禅が結んだ戦国裏街道

利休七哲の一人に、牧村利貞という耳慣れない人物がいます。この人のことを調べていたら、思わぬ広がりがあったので、ここではこの人の周辺のお話です。

利貞（一五四六〜九三）は稲葉重通《しげみち》の子として生まれました。重通は「頑固一徹」の語源になったといわれる、稲葉一鉄《いってつ》、名は良通《よしみち》（一五一五〜八九）の長子です。母が側室だったので、家督は正室の子の弟・貞通《さだみち》がつぎ（この家は豊後・臼杵五万石の大名として続いていく）、重通は小大名として一生を過ごしました。彼は妹の子であるお福を養女に迎えています。

利貞は外祖父の家、牧村をつぎ、豊臣秀吉に仕えて馬廻りを務めました。秀吉のさまざまな戦いに従い、伊勢国内で二万石あまりの大名に。これより先、高山右近の勧めを受け、キリスト教に入信しています。朝鮮半島の戦いにも船奉行として従軍しますが、朝鮮の地で病を得、亡くなります。

利貞については、まあそれだけ。面白いエピソードはありません。でも、彼の娘のおなあさん（一五八八〜一六七五）の生涯が波瀾《はらん》万丈です。彼女は父の利貞が亡くなったときにわずか六歳。それで、きっと「お茶」が一役かっているのでしょうが、利貞と懇意だった前田利家に引き取られます。後には前田利長（利家の嫡子）の養女として、前田家の分家である小松城の前田直知《なおとも》（利家の長女、幸の息子）へ嫁ぎます。おなあさんは二人の男児を産みますが、のち離縁を申し付けられる。理由としては、キリシタン大名の高山右近（海外に追放されるまでは、前田家の客将として金沢で暮らしていました）と親交が深かったため、もしくは姑《しゅうとめ》の幸と折り合いが悪かったためといわれています。

◆「頑固一徹」の子、貞通

京都市右京区の智勝院に残る稲葉貞通（一五四六～一六〇三）の肖像（模本、東京大学史料編纂所蔵）。貞通は稲葉良通（一鉄）の嫡子。母は京都の貴族、三条西（さんじょうにし）公条（きんえだ）の娘。妻は斎藤道三の娘。また、継室は織田信秀の娘。母や妻から見ると、織田信長が岐阜攻撃をしていた頃は、相当な重要人物だったらしい。だがその後の織田家の成長にはついていけず、豊後・臼杵五万石の殿様として世を終わった。

利貞のあとは弟の道通《みちとお》（おなあの叔

父）がついでいて、おなあには冷たかった。だから離縁されると、帰るべき実家がない。おなあは生前の父が建立した京都・妙心寺の雑華院《ざつけいん》に身を寄せます。その塔頭の住職、一宙禅師《いっちゅう》も利貞の弟だったのです。この時、妙心寺の寿聖院にいたのが石田三成の嫡男、宗享《そうこう》（俗名は石田重家）。仏門に入ることにより、一命を助けられたのですね。徳川家康、優しいところがあります。おなあは宗享に帰依し、禅を熱心に学んだそうです。

そのうちに縁があって、おなあは、会津藩主・蒲生忠郷《ただたさと》の重臣、町野幸和《ゆきかず》（一五七四〜一六四七）と再婚します。幸和と仲の良かったのが、蒲生家の藩政を仕切っていた岡重政。重政の妻は石田三成の娘。つまりおなあの師、宗享の妹です。このあたりの縁で、縁談がまとまったのではないでしょうか。重政が政争によって自害すると、幸和・おなあの夫婦は、重政の遺児、吉右衛門をひきとっています。

寛永三（一六二六）年、幸和は重政の政敵であった家中の蒲生郷喜《さとよし》・蒲生郷舎《さといえ》兄弟と争い、失脚して浪人しました。兄弟のうち郷舎は、一時、石田三成に仕えていました。島左近などとともに侍大将となり、関ケ原で戦った人物です。ここにも三成が顔を出すわけですね。それから、郷舎は関ケ原で戦死したと叙述されることがありますが、これは蒲生頼郷《よりさと》との混同。彼は戦いを生き抜いて、蒲生家に帰参《きさん》するのです。

町野一家は、江戸に移住します。おなあは夫の浪人生活を支えながら、この時期に多くの書物に接し、知識と教養を得たといいます。その後、その教養を見込まれ、おなあをスカウトした人物がありました。彼女の祖父・稲葉重通が養女として面倒を見た、お福さん。すなわち大奥を取り仕切っていた女傑、春日局です。

## 女嫌いの家光へ「お世継ぎ大作戦」

鎌倉幕府の創業に携わった官僚として、三善康信《みよしやすのぶ》がいます。彼は朝廷の下級官人でした。平家全盛の世、母方の伯母が源頼朝の乳母だったので、伊豆に配流されていた頼朝に月に三度、京の動静を知らせていました。以仁王《もちひとおう》挙兵後の源氏の危機をいち早く通報し、頼朝に決起を促したのも康信です。

平家都落ち後の元暦元（一一八四）年、頼朝の請いにより鎌倉に下向。大江広元らとともに、頼朝の政務を助けました。ただしこの時、ぼくが今いっしょに勉強会をしている三島義教さんの研究によると、彼は京都の官人として、なお活動していたらしい。朝廷と幕府の両方に属して、その連携に努めていたのです。

康信の子孫の一家が町野氏です。鎌倉・室町幕府の上級行政官として名が見えます。名字の地は、近江国蒲生郡町野といわれますが、そうすると、蒲生家に重臣として仕えていた町野幸和《ゆきかず》は、まさに三善康信の子孫ではないか。幸和の妻が前項でご紹介した、利休七哲の一人、牧村利貞の娘、おなあさんです。

やがて、おなあは、実家の稲葉一族に連なる春日局のスカウトを受け、大奥に出仕するようになりました。当時の大奥にあって、第一の問題は何といっても、将軍の女性問題。三代将軍徳川家光のもとには元和九（一六二三）年、摂家出身の鷹司孝子が正室として輿《こし》入れしていました（家光二十歳）。ところが家光と孝子は不仲で、子ができない。また家光は側室を置かなかったので、他の女性にも子供がなかった。

◆お振の方をまつる霊廟

東京都小金井市の江戸東京たてもの園に移築保存されている「旧自証院霊屋」（都指定有形文化財、同園提供）。お振の方をまつる霊廟として、彼女と家光の娘、千代姫の発願により慶安五（一六五二）年に建てられた。千代姫はこの時十六歳。尾張二代藩主徳川光友の妻であった。時代を代表する優美な建築。明治以来、数奇な運命をたどり、複数の所有者の手に渡ったが、いまやっと東京都の建物として安住の地を得ている。

正室とは不仲。それなのに側室がいない。その状態が、将軍が三十歳をすぎても続いている。これは、異常事態です。将軍の大事な務めの一つは後継者を作ることですから。何でそんなことになったのかというと、家光は男色を好み、女性に興味をもてなかったらしい。将軍ならば、どんな美女でもＯＫでしょうに、ああ何ともったいない！

そこでおなあさんは、自身の孫のお振《ふり》を家光の初めての側室として送りこみます。彼女の母はおなあさんの娘で、父は蒲生家臣の岡重政の息子、吉右衛門。前項でお話ししたように、重政が政争に敗れて自害した後、おなあさん夫婦が育てた人。吉右衛門の母（お振の父方の祖母）はなんと石田三成の娘ですから、お振は彼の曽孫にあたります。三成は徳川に弓引いた大罪人として忌み嫌われたのか、と私などは思っていましたが、そういうわけではなかったようですね。このあたり、江戸幕府、なかなか懐が深いです。

でも、家光はガチの女嫌い。正面突破はうまくいくはずがない。春日局とおなあさんは知恵を絞り、ボーイッシュな美少女だった（と想像される）お振を男装させて家光に近づけてみた。するとこのプランがまんまとハマり、家光は彼女に興味を示した！　それで、お振は春日局の養女として、めでたく正式な側室になったのです。寛永十三（一六三六）年のことで、家光は三十三歳。お振は十二歳から十四歳だったと推定されます。

翌年、お振の方は家光の初めての子、千代姫（のちに尾張藩主・徳川光友《みつとも》の正室）を生みます。でも、まだ少女といっていい年齢での出産だったためか、かわいそうに健康を害し、寛永十七（一六四〇）年に亡くなりました。法名は自証院殿光山暁桂大《じしょういんでんこうざんぎょうけいだい》姉《し》。東京都新宿区富久町の自証院に建てられた霊廟《れいびょう》にまつられました。現在、この霊廟は「旧自証院霊屋《おたまや》」として「江戸東京たてもの園」（東京都小金井市）内、センターゾーンに移築保存されています。

そんな悲劇もあってか、おなあさんは寛永二十（一六四三）年に出家して、祖心尼《そしんに》と名乗りました。大奥で禅を説き、家光を支え続けました。家光は彼女のために済松寺《さいしょうじ》（新宿区榎町）を建て、報いています。家光の死後、祖心尼は大奥を去り、余生を済松寺ですごしました。墓は同寺にあります。

# 第10章　武将の名から人間関係が見える

## 勝手に名乗った官途

いま本多政重という人のことを考えています。この人、ご存じでしょうか。徳川家康の謀臣として有名な本多正信の次男。じゃあ、大名？　旗本？　と思いきや、加賀前田百万石に仕えて、五万石を知行した、という人です。で、この人を考えるにあたってどうにも気になったのが、政重という名前です。ぼくのその疑問を説明するために、戦国時代の武将の名前についてふれさせて下さい。

金馬《きんば》師匠の「やかん」という落語の一節に「むかし甲州に武田大膳の大夫兼信濃守源朝臣晴信入道法性院殿そうとく（ここ、よく聞き取れず）徳栄機山大居士信玄大僧正という人があった」とありますが、ちょっとやりすぎ。武田大膳大夫《だいぜんのだいぶ》源晴信。これがまあ、出家前の武田信玄の名前です。武田は「家」の名前。現在の私たちの名字にあたります。大膳大夫は朝廷からもらった「役職名」。源は「かばね」。晴信が「いみな」。のちに晴信が出家すると「いみな」の代わりに信玄という法名を名乗ることになる。まあだいたい、そういうふうに理解してください。

信玄は大名なので朝廷から官職名をもらいましたが、普通の武士はここに「通称」

がきます。秀吉の名は木下藤吉郎、光秀は明智十兵衛ですが、藤吉郎・十兵衛がそれにあたる。平安後期から鎌倉時代だと話は簡単で、長男は太郎、次男は次郎、三男は三郎、と呼ばれた。次の代になると、複合的な通称が出てくる。つまり次郎の三番目の子供だと次郎三郎。四郎さんの二番目の子供は四郎次郎。ただしこの組み合わせは二代まで。次郎の三番目の子供の、さらに四男は次郎三郎四郎か、というとそうではない。父親と自分の生まれ順で、三郎四郎。ロシアではイワンの子のアレクセイがアレクセイ・イワノビッチ・○○（名字）になりますが、どこか通じるものがあるのかもしれません。

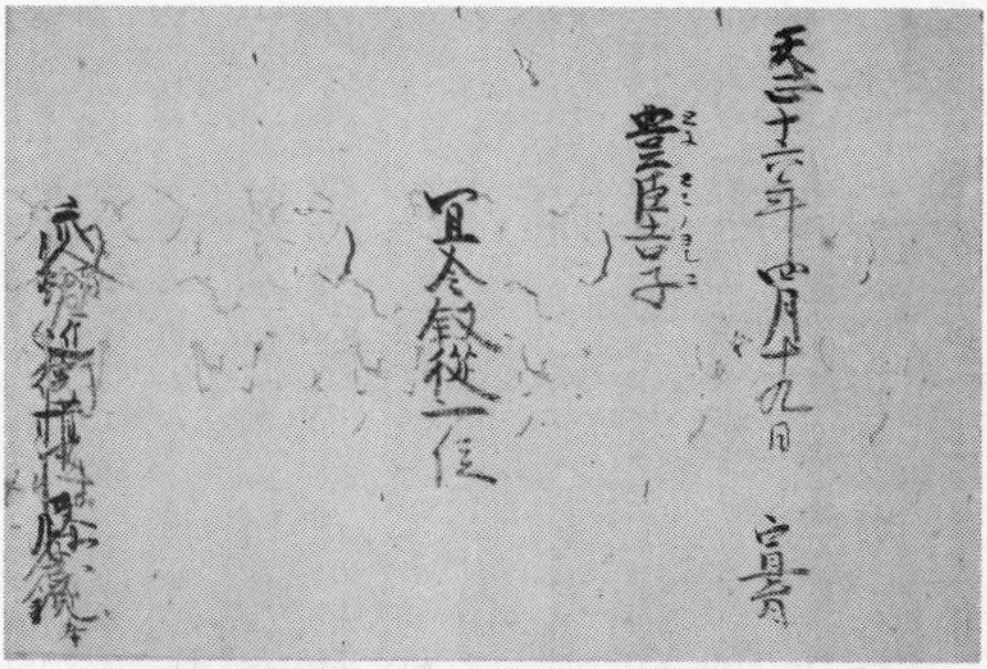


◆秀吉の妻おねを「従一位に叙する」

国学院大学が所蔵する『吉田家文書』の一通「後陽成天皇口宣案写（くぜんあんうつし）」。豊臣秀吉の夫人である「おね」を従一位に叙する、という内容である。従一位という位階は、朝廷が生きた人間に与えるものとしては最高（それ以上の正一位は神様などにささげる）。秀吉夫人の名は「ね」「ねね」「ねい」など諸説あるが、「吉子」は秀吉の名に由来した公家風のものである。

鎌倉時代、朝廷は実体のなくなった官職を高額で武士に売っていた。たとえば、高級警察官僚である左《さ》衛《え》門少尉《もんのしょうじょう》だと今の二千万円くらい、という実例があります。これは本当に名前だけ。実体はない名誉的なもの。それでも武士は欲しがった。現在の勲章のような感覚でしょうか。官職を得ると、通称の代わりに官職を名乗った。二階堂四郎さんが官職を手にして、二階堂左衛門少尉になる。官職は子供の呼び名にも影響を与え、彼の子供は、長男は左衛門太郎。次男が左衛門次郎、となったのです。

こうした歴史を踏まえ、通称と官途《かんと》の関係ができあがる。だから原則として官途名をもらったら、武士は通称を名乗りません。秀吉が藤吉郎と筑前守を、明智光秀が十兵衛と日向守を両方ともに名乗ることは原則としてない。それから戦国大名は朝廷に許しを得ることなしに、豊前守とか式部少輔《しきぶのしょう》とかの官途を名乗ることを認めています。いってみればニセ者ですが、朝廷がくれる官途も、とっくに実体はなくなっている。名前だけ、という意味では同じです。

次に「かばね」ですが、ふつう漢字で書くと「姓」。だけど現在「姓」は「名字」と同じものになっているので、あえて「かばね」と表記します。室町時代にはこれに「屍」の字をあてていますので、「かばね」と読んだことは間違いありません。

この「かばね」と「家」の関係ですが、「かばね」が細分化されて「家」ができあがるという理解で良いと思います。「かばね」の代表は「源平藤橘《げんぺいとうきつ》」ですが、このほかにも小槻《おづき》とか清原とか紀とか菅原とか、いろいろあります。で、原則としては「かばね」＋「いみな」の時には「の」をいれる。「ふじわらのみちなが」「みなもとのよりとも」の如し。

国学院大学のホームページに秀吉の妻、おねさん＝豊臣吉子の文書の紹介（http://www.kokugakuin.ac.jp/guide/kouho0100013.html）があるのですが、それには「とよとみのよしこ」とふりがなが振ってある。ということは秀吉も「とよとみのひでよし」かもしれない、との説明があります。なるほど。とすると、「豊臣」は「かばね」であって、彼の「家」は羽柴のまま、とも考えられる。秀吉は、羽柴秀吉から出世して豊臣秀吉になったのではなく、近衛前久《さきひさ》↓「かばね」は藤原、徳川家康↓「かばね」は源、と同じく、羽柴秀吉↓「かばね」は豊臣、になったのかもしれませんね。

## 「かばね」は室町時代から形骸化した

前項の文章の最後に、「秀吉は、羽柴秀吉から出世して豊臣秀吉になったのではなく、羽柴秀吉↓『かばね』は豊臣、になったのかもしれませんね」と書きました。家名が羽柴、「かばね（姓）」が豊臣以外にどういう理解があるのだ。それを「かもしれませんね」とはなにごとだ。新聞連載時、そういうお叱りを受けました。

いや、ことはそう単純ではないのです。その証拠に、織田政権、徳川幕府という言い方を歴史学はします。では秀吉は？　もしも「『家名』＝羽柴、『かばね』＝豊臣で何の問題もない」ならば、歴史的呼称は豊臣ではなく、羽柴を使わなければバランスがとれないことになる。豊臣政権ではなく、羽柴政権。豊臣恩顧の大名ではなく、羽柴恩顧の大名。織豊《しょくほう》時代は織羽時代、というように。歴史研究者がそれをしないのは、「かばね」がとっくに形骸化してしまっているからです。

平安時代の朝廷では、貴族の数はそれほど多くないので、「源平藤橘《げんぺいとうきつ》」など、「かばね」だけで済んでいた。でも地方に目をやると、武士たちは地名を家名として使い始めています。私たちも親戚のあいだで「駒沢のおじさん」とか「錦糸町のおばさん」

とかいいますよね。あれと同じ感覚。同じ平家でも、三浦半島に根を下ろした家は「三浦氏」。房総には「上総氏」や「千葉氏」が出現します。

鎌倉時代に入ると、この傾向が中央の貴族にも見られるようになる。たとえば藤原本家は「近衛」と「九条」に分かれる。「近衛」からは「鷹司」が、「九条」からは「二条」と「一条」が派生する。それで日記『玉葉《ぎょくよう》』を書きのこした関白・藤原兼実《かねざね》は、九条兼実と表記することが多い。その方がどういう系統の人か分かりやすい、という研究者の都合によって、です。

◆関白、九条兼実

平安末期から鎌倉初期の関白、九条兼実(一一四九～一二〇七)の晩年の肖像(模本、東京大学史料編纂所蔵)。摂政・関白を務める藤原本家の藤原忠通には三人の男子があり、基実(もとざね)が近衛家を、基房(もとふさ)は松殿家を、兼実は九条家を興した。近衛家は平家一門と、基房は木曽義仲と、兼実は源頼朝と連携し、政治の実権を掌握しようとした。このうち義仲と結んだ松殿家は没落し、近衛家と九条家とその分家が「五摂家」として定着していく。

こうした家名は鎌倉時代の中期になると、おおよそ固定してくる。でも中には家の呼称が定まらない人もいる。たとえば権中納言・藤原頼資《よりすけ》。彼の子孫は広橋家を形成しますが、その家名が定着するのは室町時代に入ってから。だから彼自身は、ライバルの藤原資経《すけつね》という人が家名の「吉田」を名乗っているのに、藤原のまま。これは面倒くさい。

そこで研究者はえいっ！　と線を引いてしまった。鎌倉時代の「かばね」は、家名としてあつかおう。「かばね」と名のあいだには「の」が入り、家名と名のあいだには入らない。だから藤原頼資は「ふじわらのよりすけ」ではなく、「ふじわらよりすけ」。源頼朝も「みなもとよりとも」。藤原定家は国文学では「ふじわらのていか」かもしれないが、「ふじわらさだいえ」、という具合です。

世の中が室町時代になると、もうみんな家名を名乗っていて、「源平藤橘」はほぼ消えていく。「かばね」は形骸化した儀式の中で、姿を現すだけです。下剋上の戦国時代にもなると、うちの「かばね」は何だろう？　知らないな、という氏素性の確かならざる実力者がたくさん台頭してくる。織田信長は平家を名乗っていますが、実は藤原を名乗っていた時期がある。徳川家康が新田一族の源氏というのも、相当怪しい。秀吉への豊臣姓下賜、というのは、こういう流れの中でなされています。だから、これを平安時代の原理原則で理解しても仕方がない。豊臣は「家名」の扱いでいいんじゃないか、というので「豊臣政権」などの歴史的呼称が成り立っている。「とよとみのひでよし」でも「とよとみひでよし」でもいいんじゃないの、ということです。そうした思いが冒頭にふれた「かもしれませんね」に込められているのです。

## 名前から浮かび上がる武将の「履歴書」

加賀・前田百万石の筆頭家老、本多政重の話を。禄《ろく》は五万石も取っていた。父は徳川家康の謀臣として名高い、本多佐渡守《さどのかみ》正信。また前田家に腰を落ち着ける前は、米沢・上杉家の執政、直江山城守《やましろのかみ》の養子として、直江勝吉を名乗っていました。ところが上杉から前田に移籍するに当たり、本多政重と名乗りを変えた。さては養父の山城守とケンカして追い出された？　その辺りの事情を探りたい。その時に名前が手がかりになりそうなのです。

政重の名を考えるに際しては、「偏諱《へんき》」を知らねばなりません。武士の名は多くの場合、漢字二文字。そのうち一字は、「通字」であることがあります。通字は代々が共有する字で、執権の北条氏ならば「時」、足利将軍家は「義」、徳川将軍家は「家」ですね。また、通字ではない方の一字、これが「偏諱」で、時に家臣に与えられる。「一字拝領」です。

鎌倉時代、「偏諱」の概念は成立していないと思われますが、「一字の拝領」はすでにある。たとえば鎌倉幕府の四代将軍・藤原頼経《よりつね》から「頼」の字をもらい、北条時頼と名乗る。また時頼の子は、六代将軍宗尊《むねたか》親王（後嵯峨天皇の皇子）から「宗」の字をいただき、北条時宗を名乗る。この時、時頼や時宗のように、目上の人から頂戴した字を下の字として使う、ということがありました。

室町時代になると、「偏諱」の「一字拝領」の習慣ができあがってきます。たとえば管領を務めた細川家の歴代は、将軍の偏諱＋「元」もしくは「之」（ともに細川家

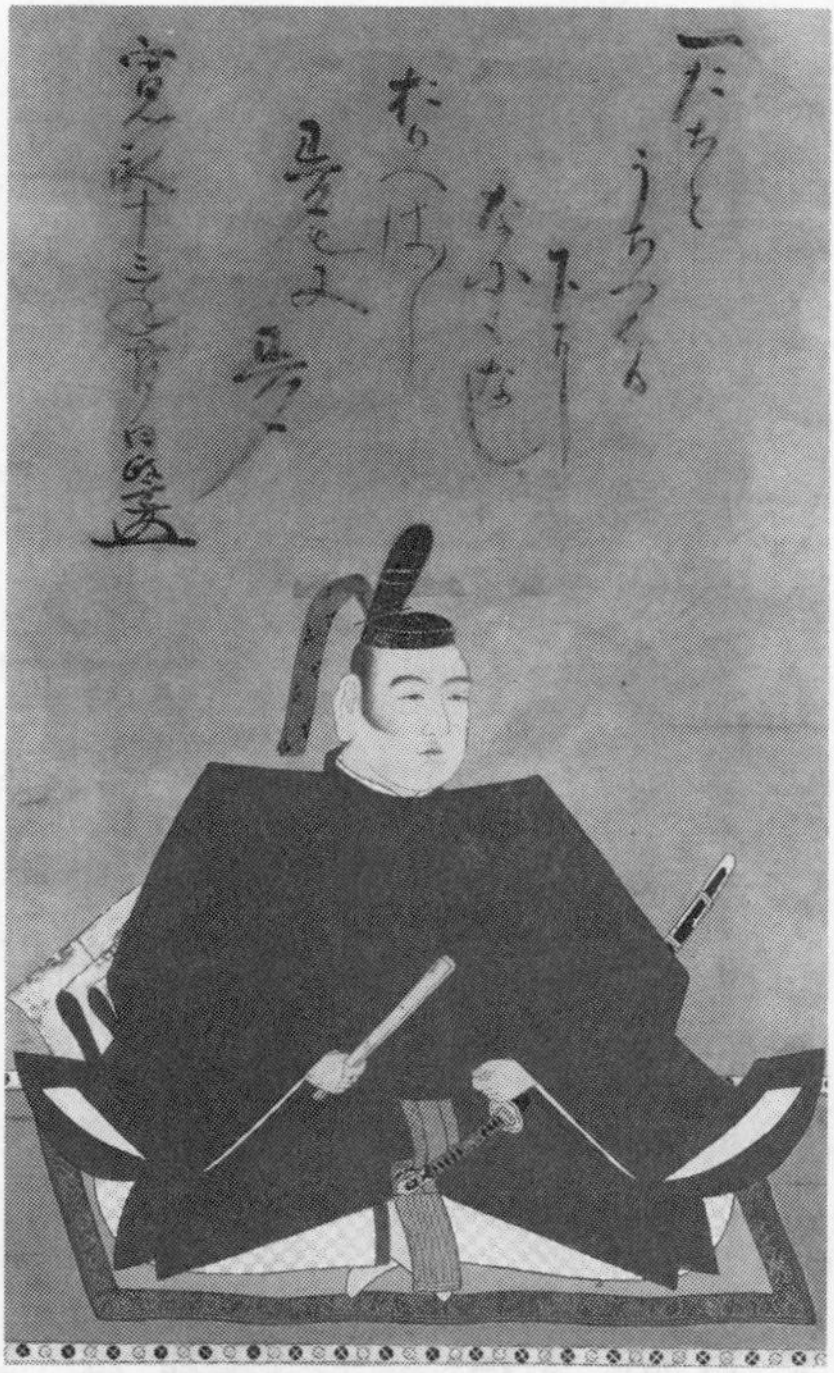

◆ 前田百万石の筆頭家老、本多政重

加賀本多家に伝わる本多政重（一五八〇～一六四七）の肖像（模本、東京大学史料編纂所蔵）。政重は本多正信の次男。トラブルを起こして徳川家を出奔。正木左兵衛と名乗り、大谷吉継・宇喜多秀家に仕える。関ケ原の戦いの後、福島正則・前田利長に仕えたあと、直江家の養子に（直江勝吉）。やがて本多政重と改め、前田家に帰参して五万石を領した。

の通字)。応仁の乱の東軍の総帥は細川勝元(七代将軍・義勝に由来)。その嫡子は政元(八代将軍・義政に由来)。東北の名門・伊達家もそう。伊達稙宗《たねむね》(十代義稙より)—晴宗(十二代義晴より)—輝宗(十三代義輝より)と続き、輝宗の子の代になり、もう将軍家に倣わなくてもいいなあ、という判断で「政宗」(伊達家を中興した先祖と同名)を名乗りました。

室町時代では、拝領した字は下には使いません。敬意を込めて、上に置く。これを徹底したのがたとえば豊後の大友家。戦国大名大友家は、義鑑《よしあき》—義鎮《よししげ》(法名は宗麟《そうりん》)—義統《よしむね》と続きますが、義鑑の代からの家臣は「鑑〇」(たとえば戸次鑑連《べっきあきつら》=立花道《どう》雪《せつ》)、義鎮の代からの家臣は「鎮〇」(たとえば高橋鎮種《しげたね》=紹運《じょううん》)、義統から一字を拝領した家臣は「統〇」(たとえば戸次統虎《むねとら》=立花宗茂)と名乗っている。

変わったところだと、武田信玄。彼の名は晴信ですね。彼の父の信虎の代までは「信(武田家の通字)+偏諱」だったのですが、晴信は足利義晴の偏諱をたまわった。こうなると、「晴」も「信」も家臣には与えられない。そこで、「昌」の字を偏諱の代わりとしたのではないか。山県昌景《まさかげ》、内藤昌秀、土屋昌続、武藤(真田)昌幸の如くです(補：新聞連載時の読者の方から平山優さんの説明を教えていただきました。「昌」は信玄の曽祖父の信昌に由来するのだそうです。また武田家中には同じ時期に、信玄の祖父に由来する「縄《つな》」、父の「虎」も使われている。大友家とは異なるようです)。

さて、それで本多政重。政重の「政」は本多家の通字である「正」に準拠したものでしょう。たとえば伊達政宗は時に「正宗」と自署しており、「正」と「政」は通じるのです。では「重」は？　これは山城守の関ケ原後の名前（関ケ原以前は兼続）、「重光」の「重」ではないか。つまり、直江山城守重光は養子である勝吉に「重」を差し上げ、下の字として用いさせた。だからこれは、最大限の敬意であると考えられる。その上で前田家に送り出した。このことからすると、二人はケンカなんてしていないでしょう。

この推測を裏付けるように、直江家と本多家は、養子縁組を解消した後も交際を続けています。直江家の家臣が金沢に赴き、本多の家に仕えるようになるのです。これ以上のことについては、さらに政治的な分析を必要とするのですが、ともかく考察の出発点は、名前の理解が示してくれました。歴史的トリビアも使いようで、とても役に立つという好例ですね。

## 家康も「藤原」から「源」に変わった

前著『戦国武将の明暗』(新潮新書)に関して、あなたはなぜ他の研究者の説に言及・批判しないのか、と質問されました。学術論文ではないから必要ない。これが公式の答え。より正直にいえば、A氏説のここがダメ、あそこがヘン、と(とくに若い方に対して)ダメ出しするのが申し訳ないというか、落ち着かなくなってきたのです。でも、勉強不足と思われるのも心外なので、これまでの内容とも関連する徳川家康の叙任問題をとりあげ、従来の説を検討してみましょう。

徳川家康はもとは松平元康を名乗っていましたが、今川家から独立するに際し、今川義元の偏諱《へんき》である「元」を捨て、松平家康になりました。そうして永禄九(一五六六)年までには三河を平定し、この年、朝廷から従五位下・三河守の叙任を受け、徳川氏に改称。「徳川家康」ができあがったのです。

この時、正親町《おおぎまち》天皇は「先例なきことは公家にはならず」として、勅許を渋った(陽明文庫所蔵の近衛前久《さきひさ》の書状)。著名な近世史研究者である笠谷和比古さんは、この事態を「松平から徳川への改姓は先例がない」と解釈し(『徳川家康の源氏改姓問題」、国際日本文化研究センター紀要「日本研究」一六、平成九年九月）、ネット上の関連記事などはみなこれに倣っています。でも中世史研究者で朝廷の史料をまともに読んでいれば、笠谷説が誤読（笠谷さんほどえらい研究者なら、名を挙げて批判しても構いますまい）であることは直ちに分かります。

朝廷は源平藤橘《げんぺいとうきつ》を代表例とする「姓《かばね》」で人を認識する。名字はどうでもいいのです。

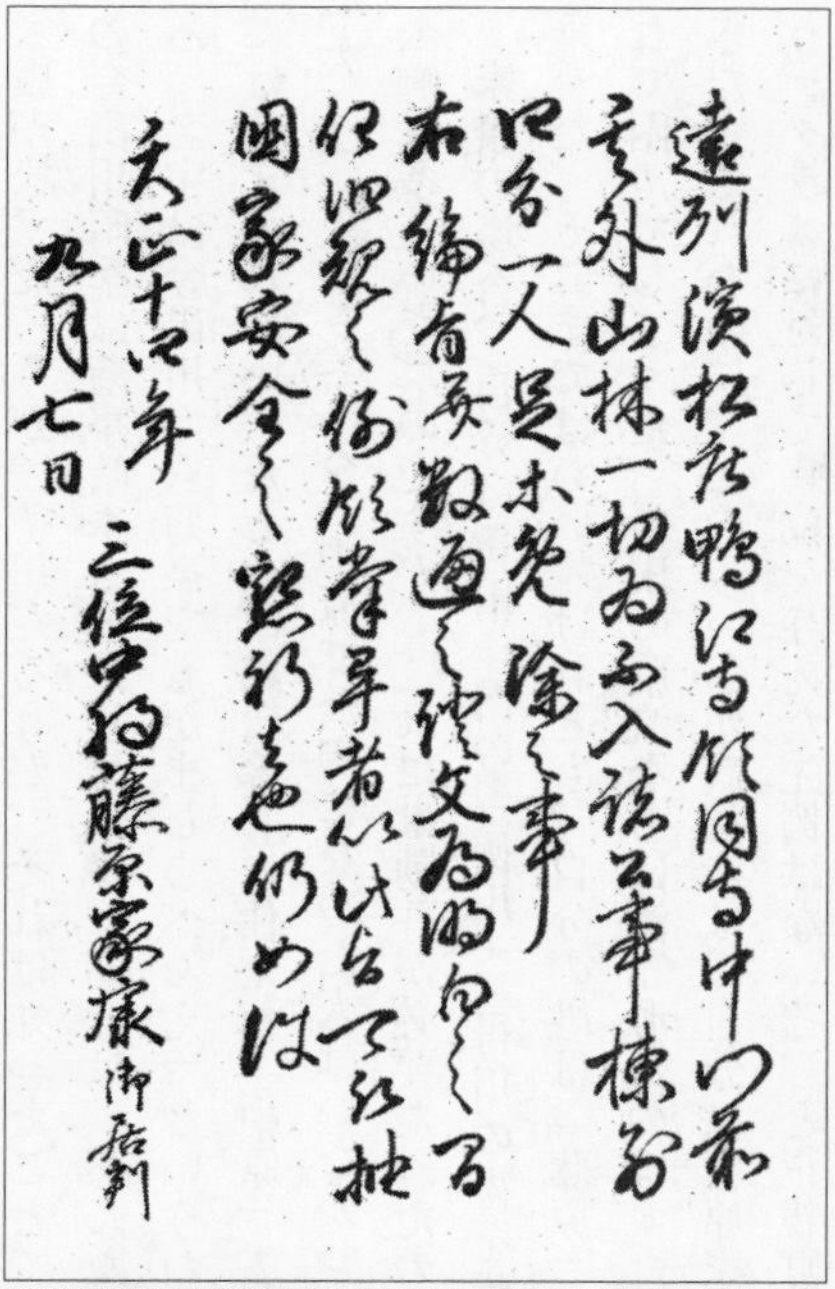
天正十四年
九月七日　三位中将藤原家康

◆「藤原家康」の署名

「三位中将藤原家康」との署名がある天正十四年の家康書状（「御庫本古文書纂　徳川家康判物写」謄写本、東京大学史料編纂所蔵）。家康が源家康ではなく、藤原家康と名乗っていたことは、この史料から明らかである。彼はしばらく後に源姓に改めるのだが、その理由は分かっていない。笠谷氏は足利義昭の帰京と関連づけるのだが、私は義昭の存在を重視することに疑念を持っているので、首肯しがたい。

家康が松平だろうが、徳川だろうが、それは知ったことではない。たとえば上級貴族の今出川晴季《はるすえ》は菊亭晴季も名乗りますが、朝廷は「あんたさんは藤原晴季さんどすやろ。名字は今出川でも菊亭でもかましまへんえ」というわけです。ただし、姓は勝手には変えられない。たとえば鎌倉幕府に仕えた「中原」広元は公卿《くぎょう》への昇進を願って「大江」に姓を変える（中原で公卿になった人はいなかった。それに対して大江姓の公卿は多くいた）のですが、これには勅許が必要だったのです。

家康の場合、自分は新田一門の「徳川」（得川の得を雅字に換えた）です、と名乗った。そこまではいい。けれども、自分の姓は「藤原」だ、とも称した。朝廷はこれで困ってしまった。新田の庶流《しょりゅう》ならば清和源氏のはずだ。つまり、源家康であるべきだ。それなのに、この「いなか武将」は、自分は藤原家康である、という。こういうデタラメに対して官位を与えた先例はないぞ、と正親町天皇は反発したのです。

ところが神祇官の吉田兼右《かねみぎ》が万里小路家の資料の中から、都合の良い事例をもってきて、ムリヤリこじつけた。源氏である徳川の惣領《そうりょう》の筋は二つあって、その一つは、何らかの理由があって藤原氏に改姓した経緯があるのです、と。前久はこれ幸い、とその資料を天皇に奏上《そうじょう》し、清和源氏の徳川家康は、「藤原家康」として任官を果たしたのです。

この話でどこが重要かというと、家康は「新田一門が源氏である」との初歩的な認識をもっていなかった、というところでしょう。貴族なら知らず、当時の成り上がり系の戦国大名は姓と名字の関係とか、武家の血脈とかをよく理解していなかった。それで織田信長も平といったり、時に藤原を自称したりしているのかもしれません。

こののち家康は源に名乗りを変えます。そして足利一門の吉良氏に系図を見せてもらいながら、あるいは岩松新田の系図の閲覧を求めながら、「徳川氏＝新田の庶流＝れっきとした清和源氏」という物語を「創作して」いくのです。

# 第11章　家康と「信康切腹」と「長篠」

## 実はドロドロ⁉ 家康の親族関係

ここからしばらく、徳川家康の家族のことについてまとめていこうと思います。信長や秀吉と違って、家康の人間関係は地味な印象がありますが、いったいどんな話が出てくるのやら。書き進めるぼくの方も、興味津々です。

まず一番はじめに取り上げたいのは、華陽院という女性です。名はお富の方というらしいですが、便宜上、華陽院で通します。この方、家康の生母であるお大《だい》の方のお母さん。へえ、母方のおばあちゃんね。なるほどー。……いやいや、そんな単純な話ですむわけ、ないじゃないですか。

華陽院は三河・刈谷城主の水野忠政の妻で、お大の方や忠重ら三男一女を生みます。忠重は、あの暴れん坊水野勝成（諸家を転々としたのち、備後福山十万石）や、清浄院（家康養女として加藤清正の後妻に）の父。お大の方は忠重の姉で、三河で優勢だった松平広忠（家康の父）と結婚。ただ、驚くべきことに、その前に広忠の父の清康と、お大の母の華陽院の婚儀があった。え？　どういうこと？

つまりこうです。松平家躍進の原動力となった傑物・清康は、水野家との縁組を熱望した。そこで忠政と華陽院を離縁させ、彼女を自分の妻としたのです。いやいや、縁を結ぶだけなら、他にやり方はありますよね。だから、単なる政略結婚ではない。清康は華陽院の美しさにひかれた。それが真相ではないか。あげく武力にモノをいわせ、子供を四人ももうけてる夫婦を引き裂き、華陽院を奪い取った！

問題なのは、年齢です。彼女は一説に一四九二年生まれ。清康は一五一一年生まれですから、十九歳年長となる。いや、なくはないでしょうが、これはちょっと……。婚姻時に清康二十歳、華陽院二十五歳、という推測もあって、これくらいが実相に近いんじゃないかな。で、二人の間には娘が生まれて、酒井忠次の妻になっています。この縁からすると、徳川四天王の筆頭、忠

◆家康の祖母、華陽院

豊橋市の龍枯寺に所蔵されている華陽院の肖像を模写したもの（東京大学史料編纂所蔵）。彼女と松平清康のあいだに生まれた娘は酒井忠次に嫁いでいて、忠次は吉田城（豊橋市）の城主を務めた。その縁で彼女の画像が同寺にあるのだろうか。

華陽院を中心にした系図

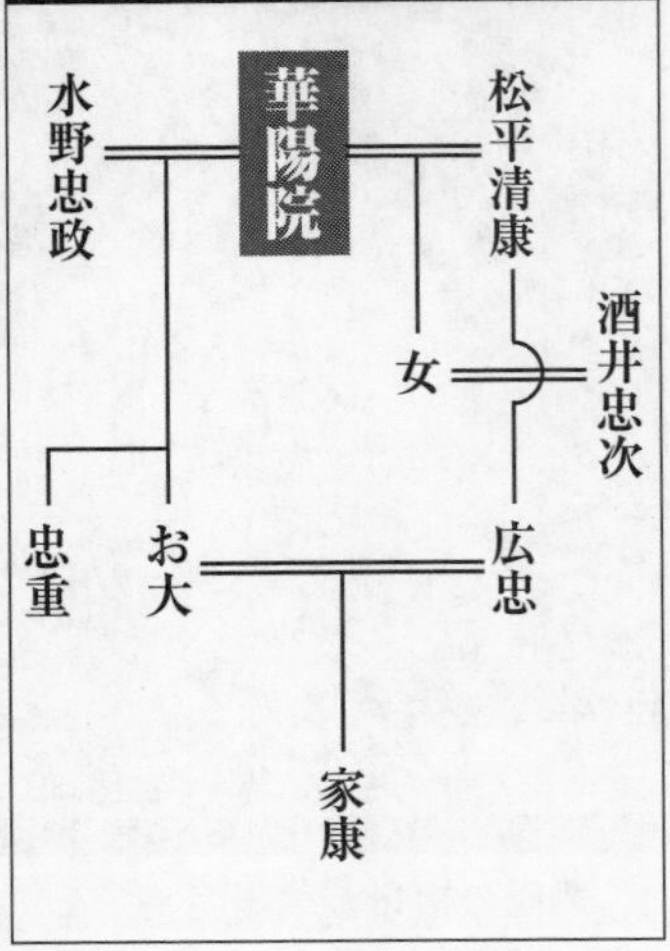


次は家康の叔父さんにあたるわけです。

清康は一五三五年、家来に殺害される（森山崩れ）。ということは、広忠とお大の縁組を進めたのは、未亡人となった華陽院だった可能性が高い。彼女はこののち次々と三河の豪族に嫁いでは死別をくり返した、といいますが、定かではないようです。出家して駿府で暮らしているところに、人質となった松平竹千代（のちの家康）がやって来る。彼女は祖母として、元服まで竹千代の養育にあたりました。

華陽院は永禄三（一五六〇）年、死去しました。墓は静岡市葵区の玉桂山《ぎょくけいさん》華陽院（浄土宗）にあります。この寺の境内には七歳で没した家康の五女市姫の墓もあるのですが、これはいったいどういう縁故か。思い当たるのは「大河内家」です。

華陽院は三河・寺津城主、大河内元綱という人の養女と伝えます。この寺津城の大河内家は大河内松平を出す家で、例の「知恵伊豆」、松平信綱につながっていきます。

ただし大河内家の系図には元綱という人は見当たらない。誰かの別名なのでしょうか。

信綱の養父（実の叔父）の松平正綱は、一時、家康の側室のお梶《かじ》の方を妻にしていました。でも、家康が彼女を忘れられなかったのか、お梶の方が正綱では満足できなかったのか、その辺は分かりませんが、彼女はやがて家康の元に戻り、愛妾としての生涯を送り、水戸藩主、徳川頼房の義母の地位を与えられました。

頭脳明晰《めいせき》で知られた彼女は、一人だけ実子を生みました。それが市姫なのです。いろいろ複雑な思いはあったのでしょうが、大河内家はずっとお梶の方を大切に思い、市姫の菩提を弔っている。静岡の華陽院のお墓には、そういう意味があるのではないかなあ、と推測する次第です。

## 家康の祖母は「九尾の狐」⁉

前項で、徳川家康の母方のおばあさん、華陽院について書いたのですが……。しまった、私ともあろう者が、なんでその時に「白面金毛《はくめんきんもう》」九尾《きゅうび》の狐《きつね》を思いつかなかったかな。いやいや、「私ともあろう者」というのは、エラそうにモノを言いたいわけではありません。私のようにマンガを愛する者が、の意です。

大ヒットマンガ『NARUTO』（集英社）。主人公の忍者ナルトの体内には、九尾の狐が封じ込められていて、ナルトに無限のエネルギーを供給していました。この狐はクラマという名で、たぶんオス。それからぼくが大好きな藤田和日郎《かずひろ》先生の大作『うしおととら』（小学館）。敵のラスボス「白面の者」こそは大妖怪である九尾の狐で、こちらは性別を超えてしまっている感じですが、一応女性として描かれている。

このように、九尾の狐については現代でもちゃんと語り伝えられているわけですが、まずはそのオリジナルのお話を。平安時代後期、とても美しく、聡明《そうめい》な娘がいた。十八歳で宮中に上り、鳥羽上皇の女官となって玉藻前《たまものまえ》と名乗った。上皇はたいそう気に入り、寵愛された。ところが時を同じくして、上皇は次第に健康を害され、伏せることが多くなる。医師には原因が分からなかったが、陰陽師《おんみょうじ》の安倍泰成が玉藻前の仕業と見抜く。泰成が真言を唱えると、玉藻前は九本の尾をもつ狐の姿を現し、宮中を脱走した。

やがて、狐は下野の那須にいることが判明。朝廷は三浦介義明、千葉介常胤《つねたね》、上総介広常を将軍とする討伐軍を派遣した。激しい戦いの末、三浦介が放った二本の矢が

◆ 玉藻前にされた女性

明治の浮世絵師、楊洲周延が描いた、玉藻前が陰陽師の力で正体を暴かれるシーン（静岡県立中央図書館蔵）。鳥羽上皇に仕えて寵愛を受けた玉藻前のモデルは、一説に美福門院・藤原得子であるという。得子はさしたる名門の出身ではないにもかかわらず、鳥羽上皇に深く愛され、上皇亡き後も政治に関わった。女性が政治に関わるのを嫌う儒教が盛んだった江戸時代、「美福門院＝上皇をたぶらかす狐」がイメージされたのかもしれない。

狐の脇腹と首筋を貫き、上総介の長刀がとどめを刺した。ところが狐は討ち取られた直後に巨大な毒石に変化し、近づく人間や動物の命を奪った。この石は「殺生石」と名付けられ、長く人々を恐れさせた。時は流れて南北朝時代、会津の示現寺を開いた高僧、源翁心昭《げんのうしんしょう》が殺生石の破壊に成功。そのときに用いた大きな金づちは、僧の名、源翁にちなみ、玄翁《げんのう》と呼ばれるようになった。

とまあ、こんな具合ですが、実は九尾の狐、日本に来る前にも悪行を重ねていた。中国古代王朝の殷《いん》。その最後の王である紂《ちゅう》王の后、妲己《だっき》の正体が九尾の狐だった。王と妲己は「酒池肉林」を現出して悪政を敷きましたが、周の武王に討伐されます。次いでインド。狐は天竺のマガダ国の王子、斑足《はんぞく》太子の妃となります。ここでも太子をそそのかして暴虐の限りを尽くしますが、やがてある賢人が妃の正体を見破り、聖なる杖《つえ》で彼女を打ちます。するとたちまち正体を現し、北の空へ飛び去った。

ここで、やっと華陽院がでてきます。太子の妃、その名が華陽夫人なのです。九尾の狐の話は江戸時代にできたと考えられています。妲己は歴史上の人物としてよく知られ、「妲妃のお百」なんていう毒婦の話まで生まれている。一方、華陽夫人はまさか歴史上の人物ではないでしょうに、なぜこの名が用いられたのか。

ぼくはやはり、家康の祖母の華陽院がモトネタだと思うのです。江戸時代の庶民は、お上（＝徳川幕藩体制）に対する旺盛な反骨心をもっていた。それはたとえば、家康を苦しめた真田幸村（史実では信繁）をスーパーヒーローに仕立て上げた。そんな力と「家康公のおばあさんに、数奇な運命をたどった美人がいたらしいぞ」という記憶が重なったときに、九尾の狐は玉藻前であり、華陽夫人である、という物語が生まれたのではないか、と推察するのです。

## 家康と長男、親子関係の謎

徳川家康のおばあさんの話をしたから、続きとしては生母のお大の方をテーマにするべきなのですが、不勉強で書くべきネタを知りません。やむなく一代とばして、家康の正室、築山殿《つきやまどの》と彼女が産んだ長男、松平信康《のぶやす》の話にいかせてください。さらに初めにあやまっておきますが、この項はいつにも増してヤマもオチもありません。ごめんなさい。ダラダラとまいります。

徳川秀忠は二代将軍、すなわち徳川家康の後継者ですが、彼が長男でないことは、歴史好きな方ならご存じでしょう。秀忠には二人の兄がいた。すぐ上のお兄さんは五歳年長。越前国主となった松平秀康です。さらにその上のお兄さんは、実に二十も年が離れている。徳川家の嫡男として活躍していた信康です。この年の差、あとで苦し紛れの論拠として出てきます。どうかお忘れなく。それから細かいことを。信康は跡取り息子だったのですから、徳川信康と呼んでもよさそうですが、普通は松平信康といっています。徳川家の当主になったわけではない、という理由のようです。

信康は永禄二（一五五九）年、つまり桶狭間の戦いの前年、松平元康の長男として駿府（現在の静岡市）で生まれました。元康とは、後の家康。当時は今川義元に仕える外様の武将でした。母は義元の養女の築山殿。その実父は今川家の重臣の関口親永《ちかなが》、実母は義元の妹。築山殿は昔から小説などで家康より七歳年長とされていましたが、最近の研究では同じくらいの年齢ではないか、といわれています。

◆ 家康と井伊家

井伊直政の肖像（模本、東京大学史料編纂所蔵）。井伊家は南北朝時代からの遠江の名門であるが、戦国時代には当主の戦死や自害が続き、勢力が衰えていた。その中で直政（当時は万千代）が家康に見いだされ、井伊家の復興を成し遂げた。万千代は家康のほぼ唯一の寵童だったという。また家康は武田家の旧臣を多く直政の下に配置し、徳川家中一の精鋭部隊「井伊の赤備え」を作り上げた。赤備えを率いた直政は戦功を積み上げ、徳川四天王の一人に数えられている。

この女性については、井伊家が興味深い史料を残しています。井伊直平の娘の一人が今川義元の側室となった。彼女はやがて義元の妹分として関口親永の妻となり、築山殿を生んだ、というのです。直平の子供が直満（今川義元の命により自害）、直満の子供が直親（今川氏真《うじざね》の命により討たれる）、直親の子供が徳川四天王の直政。直親と家康が同世代ですので、この話は十分に成立します。

築山殿は後に非業の最期を遂げる。家康の指示で殺害されるのです。ですから江戸時代、彼女はたいへんな悪女とされた。神君・家康の御意にかなわなかった女、というわけですね。そうすると徳川譜代筆頭の井伊家が、わざわざウソをついてまで、彼女との血縁を主張するはずがない。先の話は史実で、築山殿と井伊直政の父はいとこだったのだと思います。直政が家康に見いだされて仕え始めた（寵童《ちょうどう》になったといいますね）のが天正三（一五七五）年ですから、この時点で築山殿は健在です。直政（当時の名は万千代）は彼女を頼って家康に取り次いでもらった、という可能性はないのかな……。

さて、桶狭間の戦いの後、松平元康は自立をこころざし、三河の平定に乗り出しました。今川義元の後継者である氏真はこれに怒り、松平側の人質を殺害したといいます。また築山殿の父・関口親永は、元康との連携を疑われ、自害を強いられました。ですが、駿府にいた築山殿と二人の子供、信康と妹の亀姫は無事でした。これは何ゆえか。うーん、やはり彼女の母親は井伊家の人ではなく、義元の実の妹なのかな？　氏真は血のつながりを重んじて、厳しい処置を取らなかったとみるべきなのでしょうか。いやいや、親永は妻とともに自害した、とする資料もあるのです。もしそれが史実ならば、血のつながりなどは考慮に値しない、ということになる。さて、困りました。……いまは一応、築山殿たちは、元康との交渉カード、手駒として温存された、と理解しておきましょう。

## 家康の女性関係は不可解⁉

桶狭間の戦いの後に、徳川家康は今川家からの自立をもくろみます。そうすると、駿府にいた正妻の築山殿と幼い信康は殺されてしまう可能性があった。彼女たちはどうやって助かったのか……。答えは人質交換です。桶狭間から二年後の永禄五（一五六二）年、トレードが成立して岡崎に移されたのでした。

彼女らと交換されたのは、三河・上《かみ》ノ郷《ごう》城（愛知県蒲郡市）の鵜殿長照《うどのながてる》の二人の遺児でした。長照は今川方として家康と戦って戦死し、子供たちは捕らえられた。彼らの祖母（長照の母）は正真正銘、今川義元の妹でした。今川氏真と長照はいとこ。いとこの子を救うため、家康の妻と子が放出されたのです。

長照の二人の子供は、のちに家康に仕えます。お兄さんの方は千七百石の旗本になりますが、跡継ぎに恵まれず断絶。弟の方は『松平家忠日記』の記主である家忠に仕え、関ケ原の戦いの前哨戦、伏見城の籠城戦で主とともに討ち死にを遂げました。妹を与えられるくらい今川義元から厚遇されているにもかかわらず、鵜殿の本家はぱっとしません。もっと早くに家康に従っていればよかったのでしょうに。

そういえば、気になる人がいます。それは西郡局《にしごおりのつぼね》（?〜一六〇六）。この人は家康の初めての側室（側室になったのは一五六四年という）ですが、長照の妹（もしくは姉）らしい。産んだ子供は娘が一人で、この女の子（督姫《とくひめ》。家康の次女）は後に北条氏直の妻となり、さらに池田輝政の妻になりました。

後述しますが、浜松に移った家康にとって、妻と呼べる人は彼女一人だったはず。

◆ 浪士組の仲間、山岡鉄舟

江戸城無血開城に尽力し、維新後は明治天皇の侍従となった山岡鉄舟（一八三六〜八八、国立国会図書館蔵）。鉄舟は幕臣。通称は鉄太郎。剣にすぐれ講武所の世話役を務める。清河八郎らと尊皇攘夷（じょうい）を標榜（ひょうぼう）する「虎尾（こび）の会」を結成。文久三（一八六三）年、幕府により浪士組が結成され取締役に。このとき、同じく取締役となったのが鵜殿鳩翁（一八〇八〜六九）であった。同年上洛するが、幕府は清河の動きを警戒。浪士組は江戸に呼び戻される。京に残った浪士たちが新選組となった。

だから彼女の実家の鵜殿氏は厚遇されても良さそうな感じですが、結局、この家は大名になってない。そういえば二代将軍秀忠の実母をはじめ、他の子の母の実家からも格別な取り立ては見られません。家康は女性に厳しかったのかな。

でもなあ、鵜殿って、どこかで聞いた気がするぞ。どこだっけ……？　あ、思い出しました。長照の叔父が興した鵜殿・柏原家は早くから家康に従い、旗本になっているのです。それでここから、いくつかの家が分かれていく。時は流れて文久三（一八六三）年、十四代将軍家茂の上洛警護のために結成された浪士組の取締役、彼こそが鵜殿鳩翁《きゅうおう》でした。この人はこっちの鵜殿家から出た人です。浪士組から誕生したのがあの新選組であることは、改めて言うまでもないですね。

さて、話を元に戻しましょう。岡崎に戻った築山殿と子供たちですが、築山殿は岡崎城に入ることを許されず、城外で暮らしました。これは彼女が今川家に近いため、家康が織田信長に対して遠慮したのでしょう。でも、先にも書いたように、この時期の家康は、二十代で性欲が旺盛であるはずなのに、西郡局の他には側室がいません。子供も生まれていない。築山殿が嫌いだったわけではないのかな。岡崎城中から彼女のもとへ、せっせと通っていたと考える方が自然かもしれません。

ただ、そうすると今度は、浜松への移転時のことが分からない。元亀元（一五七〇）年、築山殿はやっと岡崎城へ入ります。ところが同年、今川領に侵攻した家康は本拠を岡崎から浜松城（もと曳馬《ひくま》城）に移します。このとき、岡崎城を信康に与えるとともに、築山殿は同城にとどめ置いた。浜松城には連れて行かなかったのです。このあと西郷局《さいごうのつぼね》（秀忠の生母）を迎えるまで、妻（妾）は西郡局だけ。彼女との間が仲むつまじかった、というなら話は分かりますが、晩年の彼女は決して厚遇されてないようですね。うーん、家康の女性関係、いったいどうなっているの？

## 「信康切腹、真犯人は家康」説を考える

永禄五（一五六二）年、徳川家康と織田信長は同盟を結びます。決して破られることのなかった戦国時代まれな紐帯、「清須同盟」の成立です。同十（一五六七）年五月、家康の長男である信康（九歳）と、信長の娘である徳姫（同じく九歳）が結婚。翌月、家康は浜松城に移り、信康に岡崎城を譲ります。

信康は七月に元服。信長から「信」の字を与えられ、信康と名乗り始めます。天正元（一五七三）年、十五歳で初陣。同三年の長篠の戦いには徳川勢の一手の大将として参加。そのあとも武田氏との戦いで活躍。岡崎城の武士たちを率いて、家康をよく補佐しました。この間、徳姫とのあいだには、二人の女の子が生まれています。

順風満帆にみえた信康ですが、破綻は突然おとずれました。天正七（一五七九）年八月三日、家康が岡崎城を訪れます。翌日信康は岡崎城を出ることになり、大浜城に移されました。その後、遠江の堀江城、さらに二俣城に移され、九月十五日に家康の命により、切腹させられたのです。享年二十一。

なぜ彼は死なねばならなかったか。その説明としては、徳姫の密告、ということが

語られてきました。天正七年、すなわち信康切腹の年、徳姫は父の信長に、信康とその母の築山殿の罪状を訴える十二カ条の訴状を書き送った。そこには武田家との内通などが記されていた。訴状を読んだ信長が酒井忠次（家康の重臣）に事情を尋ねたところ、忠次は二人をまったく擁護しなかった。そのため信長は彼らの処罰を命じ、築山殿は八月二十九日に殺害され、信康も切腹した、というのです。

◆ やせ形の家康像

他の肖像とは異なり、細身の家康像である（模本、東京大学史料編纂所蔵）。群馬県館林市の善導寺に所蔵されている画像の模写。同寺は徳川四天王の一人、榊原康政の菩提寺。康政は徳川家康が関東に移封されたときに、この地を与えられた（十万石）。

小説などの世界では、これに脚色を加えます。信長は息子の信忠と信康を比較し、器量にまさる信康を抹殺したとか、築山殿は今川家と敵対した家康を憎んで武田家と通じたとか。また築山殿は徳姫とうまくいかなかったとか、唐人医師の減敬と通じたとか。

まあ想像はさておくとして、「徳姫の十二カ条」自体が信頼性の低い資料なので、事件の真相の究明は難しいのです。

近年さらに、驚くべき説が登場してきました。すなわち、家康と信康のあいだには深刻な対立があった。信康を自害に追い込んだのは、信長ではなく、実の父である家康だ、というのです。この説によると、家康に仕える浜松城の家臣たちと、信康に仕える岡崎城の家臣たちも激しく反目しあっていた。徳川家は真っ二つに割れる危険性を有していた。それで信長がむしろ徳川家を救うために仲裁に入り、信康を犠牲にすることで徳川家を一つにまとめ直したといいます。

いやあ驚きました。もちろん奇想天外だからといって、門前払いはフェアではない。まずは吟味してみるべきです。うーん、でもどうなのかな……。考えてみた結果として、やはりぼくは、賛成できそうもありません。その理由は次の三つからです。一、酒井忠次のその後。二、徳姫のその後（補足……彼女が産んだ二人の姫）。三、家康と子づくり（補足…家康の後家好み）。ここではスペースの関係で、二だけ書いておきますね。

信康が自害した後、徳姫は娘二人を徳川家に残し、織田家に帰ります。ところがこの後、彼女は大大名↓天下人へと成長していく徳川家から、厚遇されないのです。再婚を世話してもらえず、ひっそりと京で亡くなっている（享年七十八）。一方で娘二人はそれなりに大事にされ、大名家に嫁いでいる。娘が母を引き取ることをしていない、もしくは許されていないんですね。これって、思い出すだに悔しい信康の死の片棒を担いだ徳姫め、コンチクショー！　じゃないのかなあ。

## 家康が功臣を冷遇したのはなぜか

前項で、驚くべき新説をご紹介しました。いわく、徳川家康と嫡子の松平信康のあいだに深刻な対立があった。信康の自害を望んだのは、通説でいわれている織田信長ではなく、実の父である家康だ、というものです。それに対してぼくは、家康が「信康の排除、具体的には切腹」を望んでいた説には賛成できない、と書きました。その根拠として一、酒井忠次のその後。二、徳姫のその後。三、家康と子づくり（補足……家康の後家好み）を挙げ、スペースの関係で二について述べました。ここでは続いて一を。

これは酒井忠次と酒井家への待遇が、ひどいんじゃないか、ということです。忠次の妻は碓井（臼井）姫。松平清康と本章の最初に記した華陽院の娘。ですから忠次は家康のおじさんにあたる。年は十六歳年長です。家康が子供の頃、人質（今川家への）として駿府に赴く時には、最高齢者として付き従いました。

家康が成人すると、まさに右腕として彼を支えます。永禄七（一五六四）年には吉田（豊橋）城主となり、東三河の旗頭に（西三河は石川数正）。武田氏との外交・戦いでは常に先頭に立ち、とくに天正三（一五七五）年の長篠の戦いでは、別動隊を率いて鳶《とび》ケ巣山砦を急襲。名のある武将を討ち取って長篠城を救出し、武田軍の後方を遮断する大功を立てたのです。織田信長に激賞されています。

本能寺の変の後には、信濃侵攻の大役を担い、天正十三（一五八五）年に石川数正が徳川家を出奔した後は、名実ともに家康第一の重臣となりました。翌年、家中では

◆ 二つの酒井家

徳川家康を長年支えた酒井雅楽頭（うたのかみ）家の当主、酒井重忠の肖像（模本、東京大学史料編纂所蔵）。後に作られた系譜によると、三河の酒井忠則は松平氏初代の親氏を娘婿に迎え、その子が松平泰親と酒井広親であり、広親から二つの酒井家、「左衛門尉家」と「雅楽頭家」が生まれた。忠次は「左衛門尉家」の人。同世代の「雅楽頭家」の当主が重忠（一五四九～一六一七）で、川越城主。その子忠世と曽孫の忠清は大老となり、権力をもった。

最高位の従四位下・左衛門尉《さえもんのじょう》に任じられ、天正十六（一五八八）年に長男の家次に家督を譲って隠居します。まあ、功成り名遂げて一線を退いたかたちです。

ところが問題はそのあと。天正十八（一五九〇）年に徳川家が関東に移封された時、跡継ぎの家次（碓井姫の息子なので、家康とはいとこ）に与えられたのは下総臼井三万七千石でした。このとき井伊直政、本多忠勝、榊原康政は十万石以上を与えられている。これに比べて酒井家の所領は、うーん、忠次のそれまでの功績からすると、少ない気がしませんか。臼井が格別な要地というなら話は別ですが……。

徳川家が天下を取ったあと、家次は井伊直政の居城だった上野高崎に移る。けれども所領は五万石。元和二（一六一六）年、家康が死んだ直後に松平忠輝の居城・越後高田を与えられ、やっと十万石になりました。このあと、出羽庄内藩十四万石（実高は二十万以上とも）に移り、譜代では屈指の大身となって幕末まで続きます。

こう見ていくと、家康の目の黒いうち、酒井家は冷遇されているように思えます。そこで、例の逸話です。家次の所領が徳川四天王（という名称が当時からあったわけではありませんが）の他の三人に比べて少ないことを、忠次が家康に抗議した。すると家康は「お前も子がかわいいか」と冷たく吐き捨てた、というのです。

実は天正七（一五七九）年に松平信康の謀反が取り沙汰されたとき、忠次は弁解の使者として信長のもとに派遣されたのです。ところが忠次は信康を擁護しなかった。それで信康の切腹が決定した。家康は深く忠次を恨んだが、信長の手前もあり、家臣の統制の問題も考慮して、態度には出せなかった。彼が隠居した後まで待って、酒井家への怒りをあらわにした、というのですね。信康を失った家康の悲しみ、それから家康の執念深さを物語るエピソードとして有名です。

ぼくはこれが本当の話だったように思えて仕方ないのです。そうじゃないと、酒井家の所領の変遷が説明できない。これが、家康は信康の死を望んでいなかった。その根拠の一です。三は次項。

## 「家康の後家好み」実態は？

三つの反論。一、酒井忠次のその後。二、徳姫のその後。ここでは最後の三、家康と子づくり（補足……家康の後家好み）を取り上げてみましょう。

二代将軍の秀忠と信康とは相当の年の差があります。家康の子を男女を問わず並べてみると、秀忠まではこんな感じ。父の家康の誕生は天文十一（一五四二）年十二月二十六日です（年齢表記は数え年）。

○長男の信康……誕生は永禄二（一五五九）年三月、生母は築山殿。家康十七歳
○長女の亀姫……誕生は永禄三（一五六〇）年六月、生母は築山殿。家康十八歳
○次女の督姫……誕生は永禄八（一五六五）年十一月、生母は西郡局。家康二十三歳
○次男の秀康……誕生は天正二（一五七四）年二月、生母はお万の方。家康三十二歳
○三男の秀忠……誕生は天正七（一五七九）年四月、生母は西郷の局。

家康三十七歳

そして秀忠が生まれたこの年、天正七年九月十五日に、信康は自害します。

家康の体力は老いてますます盛んで、五十代（当時でいえば老年）になって、年若い側室を置いた。水戸黄門のお父さん、徳川頼房などは六十一歳の時の子です。いまぼくは五十四歳ですが、ただただ脱帽するばかりです。でも、それを思うと、普通は体力があり余る二十代、三十代に、彼にはあまり子が生まれていません。体質が変わったのでしょうか。

◆家康後年の側室、お亀の方

京都市伏見区の清涼院に伝わるお亀の方の肖像（模本、東京大学史料編纂所蔵）。お亀の方は天正元（一五七三）年生まれ。寛永十九（一六四二）年、七十歳で没。石清水八幡宮の祀官（しかん）家・田中氏の分家に生まれ、初め竹腰正時に嫁ぎ、正信を生む。夫と死別後、二十二歳の時、家康の側室に。慶長五（一六〇〇）年、尾張徳川家の祖である五郎太（後の義直）を生む。異父兄の竹腰正信は尾張藩の家老（三万石）となった。

家康は後家好み、さらには子連れの未亡人を好む、などとも言われます。実際に調べてみると、後家であったのは秀忠生母の西郷局と、阿茶《あちゃ》の局、忠輝生母の茶阿《ちゃあ》（阿茶とは別人です。紛らわしいですね）の局。それに義直生母のお亀の方。子連れは阿茶の局、茶阿の局、お亀の方くらいでしょうか。多くの側室の中では少数派です。それでも家康が後家好みと言われたのは、それだけ彼が、子供を産んでくれそうな女性を切実に欲していたから、かもしれません。

信康が自害したとき、家康はより多くの男子が欲しかったはずです。次男の秀康は子として愛されず、三男の秀忠は生まれたばかり。当時の幼児死亡率を考えると、秀忠がすくすくと成長する保証はどこにもない。しかもこれから、自分に男子ができるかどうか、心もとない。その状況で、大事な跡取り息子の信康を、死に追いやるでしょうか。ぼくにはそうは思えません。これが反論の第三です。信康は家康の意思ではなく、あくまでも信長の命令によって自害した。そう考えます。

ここで、改めて考えねばなりません。それではなぜ、信長は信康に死を賜ったのか、と。うん、それが問題なのですが、次項で、ぼくの考えを読んでいただくことにいたしましょう。

ところで余談ながら、家康は後年どんな女性を愛したのか、を記してみましょうか。

○お梶の方……天正十八（一五九〇）年、十三歳で側室に。家康四十八歳
○お万の方……文禄三（一五九四）年、十五歳で側室に。家康五十二歳。
　　　頼宣・頼房の母。秀康の生母とは別人
○お夏の方……慶長二（一五九七）年、十七歳で側室に。家康五十五歳
○お梅の方……慶長五（一六〇〇）年、十五歳で側室に。家康五十八歳
○お六の方……慶長十四（一六〇九）年、十三歳でお梶の方に仕え、
　　　ほどなく側室に。家康六十七歳くらい

うーん、これでは「ロリコン親父」とか言われても、返す言葉がありませんねー。

## 信康が自害を迫られた真の理由

天正三（一五七五）年五月二十一日、三河国長篠城（現在の愛知県新城市長篠）をめぐり、織田信長と徳川家康の連合軍三万八千と、武田勝頼の軍一万五千が激突しました。戦いは織田・徳川連合軍の圧倒的な勝利に終わり、武田軍は山県昌景、馬場信春ら、信玄以来の宿老を多数失いました。武田家滅亡の第一歩となったこの戦いが、史上有名な「長篠の戦い」です。

長篠の戦いというと、議論の焦点になるのは「鉄砲」です。織田信長が鉄砲三千挺によって三段撃ちを行い、この戦術が戦国最強の武田騎馬隊を完膚なきまでに打ち破った。でもこれは史実か。鉄砲は三千挺もあったのか。三段撃ちは有効だったのか、あるいはそんなことができるのか。そもそも騎馬隊などというものが存在したのか。そうしたことが話題となり、話は尽きません。

今のところの議論のありようを確かめるには、吉川弘文館から出版された平山優さんの二冊の本、『長篠合戦と武田勝頼（敗者の日本史）』と『検証 長篠合戦（歴史文化ライブラリー）』をおすすめします。著者の主張への賛成・反対、意見は様々でしょうが、フェアな記述をしているこの本は、意見を戦わせるための共通の土台を用意してくれます。

ことぼくに関していうと、鉄砲三千挺にはあまり興味がありませんでした。戦いは普通、兵数が多い方が有利です。織田・徳川軍は武田軍の二倍以上。これなら、まあ勝つだろうな、と。兵数が逆で、鉄砲が戦況をひっくり返したならともかく、そういうわけでもなさそうだから別にいいや、と。

◆秀吉の「軍師」、竹中半兵衛
竹中半兵衛は秀吉の軍師とされる武将であるが、彼の妻の父は「西美濃三人衆」に数えられた西美濃の有力者、安藤守就であった。彼は信長に仕えて各地を転戦したが、信康の死の翌年、武田家との内通を理由に家中を追放された(『当代記』)。ことの真偽は確認できないが、武田に通じる可能性は、誰にも十分にあったのである(模本、東京大学史料編纂所蔵)。

ぼくの関心はもっぱら兵数にありました。たしか武田信玄は、最後の西上作戦で三万の兵を用意していた。跡を継いだ勝頼はこの戦いまでは常勝将軍だったはず。それなのになぜ遠征軍が半分の一万五千に減っていたのか。勝頼が織田・徳川をなめた？　それは考えにくい。春日虎綱（高坂弾正とも）らを上杉の抑えに残さなくてはならない状況で、どうして勝頼は、わざわざ「国の一大事」である軍事行動を起こしたのか？

大賀弥四郎事件というのがあります。軽輩だった大賀弥四郎は才能に富んでいて、徳川家康に大事な仕事を任されるようになる。ところが不正を働いた上に武田家に内通。やがて行状は露見して大賀一家は極刑に処された、というものです。ところが柴裕之さんはこの事件を再考し、大賀は大岡を変えたもので、彼は実は徳川譜代の家臣であった。大岡は多くの仲間とともに武田に通じ、岡崎城でのクーデターを画策。その時期がまさに天正三年の長篠の戦い前夜だったと説いたのです。そして前述の平山さんもこれに賛同している。

なるほど！　この説明なら勝頼が急いで手回りの兵で出陣した謎が解けます。勝頼は大岡（大賀）らの動きに呼応して、岡崎城を急襲するつもりだった。岡崎が陥ちれば、織田信長と徳川家康の勢力圏は分断される。家康はいわば、袋のネズミになる。ところがすんでのところで陰謀は露見し、大岡（大賀）らは処罰された。その報せを受けて勝頼は長篠城に攻撃の矛先を変え、それから長篠の戦いへと進んでいった。そうだったのか！

するとと、問題は大岡（大賀）らの動きを、松平信康がどこまで知っていたか、あるいはそれに加担していたか否か、でしょう。信長は慎重に調べを進め、「信康＝クロ」の確証を得た。それで長篠の戦いから二年後、信康の切腹を家康に求めた。家康は陳弁することができず、やむなく信康を葬った。これが事の真相だったのではないでしょうか。

織田と手を切り、武田と結ぶ。そうした決断は、十分にあり得た。家康は清須同盟を守ったけれども、信康は武田を選んでしまった。信康が自害しなければならなかった理由は、まさにそこにあったのだと思います。

## 家康「不自然な子作り」の背景

信康自害についての、ぼくの解釈をまとめましょう。

まず、家康は信康を失いたくはなかった。守れるものなら守りたかった。けれども、信康は武田と手を結んでしまっていた。うかつに甘言に耳を貸したレベルか、織田への反逆までを準備したのか、そこはよく分からない。彼自身が積極的だったのか、武田に通じる家臣（大賀弥四郎ら）の動きを抑えきれなかったのか、そこも分からない。けれども、何らか、武田との関係を持った。

信長は信康のそうした動向をしっかり把握していた。証拠をそろえて、信康の断罪を要求した。酒井忠次はかばえなかった。これは推測になりますけれども、後年の家康は忠次を恨んでいる。とすると、信康と武田の関係は、それほど深いものではなかった可能性が高くはないか。織田への反逆までが予定されていたなら、忠次がどうあろうと、アウトなのですから。

より具体的に推測するなら、信康の罪は、武田と連動する家臣の動きを積極的に止めなかった、というものではなかったでしょうか。でもそれは、主君としての無能ですし、織田への裏切りでもある。信長は厳罰を求めてきた。家康は応じるしかなかった。けれども、酒井がなんとかうまく言い繕ってくれたら、という思いはずっと残った。それで、だれにも遠慮しなくて良い境遇になったとき、彼につらく当たってしまった。

信康と、それから築山殿《つきやまどの》の処断は、こうして行われるに至った。そう考えてみたいと思います。

◆ **正室を大切にした元就**

伝毛利元就画像（模本、東京大学史料編纂所蔵）。模写させていただいた時の所有者は、子爵毛利元功。この方は徳山毛利家第十代の当主で、明治三十三（一九〇〇）年に亡くなっている。徳山藩は長州藩の支藩で、三（もしくは四）万石。藩祖は毛利輝元の次男の就隆。第九代元蕃（元功の養父）の時に明治維新を迎える。元蕃の実弟が毛利本家を継いで公爵となった元徳である。

それから最後に、もう一つ、よけいな憶測を書いておきます。

毛利元就のことを思い出したのです。彼は正室である吉川氏とのあいだに三男一女（毛利隆元、吉川元春、小早川隆景の三兄弟、それに五竜局）を得ました。それから中高年になってから思い出したように何人かの側室を置いて、五十五歳ごろから、穂井田元清、出羽元倶、天野元政、末次元康ら、男子だけで七人もの子（元就は彼らを、正室所生の三兄弟に比して「虫けらのような」子どもたちだと表現しています）を生ませたのでした。

どうしてこんな事態になったかというと、正室である吉川氏を大切にしていたから。吉川氏が生きていたときには、元就は側室を置かなかった。彼女が亡くなったのちに、側室をいれた。すると、からだは頑健だったので、三兄弟とは年の離れた弟たちが次々にできた、というわけです。

もしかしたら、家康は、これと同じパターンではなかったでしょうか。元就に対する吉川氏とは、家康にとっては築山殿しか考えられません。実は彼は、築山殿を深く愛していたのかもしれない。彼女のことを思えば、側室などは不要と思えるほどに（唯一の例外が西郡局です）。けれども築山殿は、今川家とのからみからか、織田家への反感を隠そうとしない。彼女をそばに置いては、信長との関係に悪い影響が出てしまう。さて困った。彼女とは物理的な距離を置くしかない。けれどもやはり、彼女の他の女性は、考えられない……。

家康のそんな思いが、彼の不自然な子作りに結びつくのではないか。家康・築山殿の純愛説。そんな妄想を以て、本書を閉じることにいたしましょう。

**追記**　妄想ついでにさらに想像を逞しくします。井伊家の女性がまず今川義元の側室となり、そのうえで義元の妹として関口親永に嫁いだ。二人の間に生まれたのが築山殿だ、と書きました。ところが、どうも腑に落ちないことがある。徳川家康が今川家を離れて自立したときに、なぜ駿府にいた築山殿は殺されなかったのか。それからなぜ家康は、彼女の存在を織田信長に対し、ことさらに憚《はばか》っていたのだろうか。さらには築山殿はなぜ、「親・織田」の態度をとれなかったのだろうか。

築山殿の実父が今川義元その人だったとしたら、どうでしょう。義元は妊娠していた側室を親永に与えた。しばしば聞く話です。周囲も事情をよく知っていて、家康が今川家にいるときは、むしろそれは厚遇の証であった。でも家康の自立、義元の仇である信長との同盟が、彼女の悲劇を生んだ。そう考えると、いろいろとつじつまが合うような気がしてなりません。

本書は、「産経新聞」に2010年10月から連載中の「本郷和人の日本史ナナメ読み」に加筆、再構成したものです。

単行本　平成二十七年五月　産経新聞出版刊

装　幀　伏見さつき
DTP　佐藤敦子

産経NF文庫

戦国武将の選択
二〇二一年四月二十日　第一刷発行
著　者　本郷和人
発行者　皆川豪志
発行・発売　株式会社　潮書房光人新社
〒100-8077　東京都千代田区大手町一-七-二
電話／〇三-六二八一-九八九一(代)
印刷・製本　凸版印刷株式会社
定価はカバーに表示してあります
乱丁・落丁のものはお取りかえ致します。本文は中性紙を使用
ISBN978-4-7698-7034-0　C0195
http://www.kojinsha.co.jp

# 産経NF文庫の既刊本

## 読み解き　古事記

坂田安弘

これで納得！　神々の世界の物語――古事記は比喩を多用する「神話言語」で表現されている。だから文字や文章をそのまま読むと間違った解釈になる。古事記の研究家で伝承者でもある著者が古事記の神代記を「心の目で読み解く」という画期的手法で解説。

定価〈本体890円＋税〉　ISBN978-4-7698-7026-5

## 神話のなかのヒメたち

### イザナミノミコト、天照大御神から飯豊王まで

産経新聞取材班

古事記・日本書紀には神や王を支える女神・女性が数多く登場する。記紀では彼女たちの支援や献身なしには、英雄たちの活躍はなかったことを描き、その存在感は神話時代から天皇の御世になっても変わりなく続く。「女ならでは」の視点で神話・古代史を読み解く。

定価〈本体810円＋税〉　ISBN978-4-7698-7016-6

# 産経NF文庫の既刊本

## 日本人なら知っておきたい英雄 ヤマトタケル
産経新聞取材班

古代天皇時代、九州や東国の反乱者たちを制し、大和への帰還目前に非業の死を遂げた英雄ヤマトタケル。神武天皇から受け継いだ日本の「国固め」に捧げた生涯を南は鹿児島から北は岩手まで、日本各地を巡り、地元の伝承を集め、郷土史家の話に耳を傾けて綴る。

定価〈本体810円＋税〉 ISBN 978-4-7698-7015-9

## 教科書が教えない 楠木正成
産経新聞取材班

明治の小学生が模範とした人物第一位――天皇の求心力と権威の下で実務に長けた武士が国政を取る「日本」を夢見て、そのために粉骨砕身働いたのが正成という武将だった。戦後、墨塗りされ、教科書から消えた正成。日本が失った「滅私奉公」を発掘する。

定価〈本体900円＋税〉 ISBN 978-4-7698-7014-2

# 産経NF文庫の既刊本

## 神武天皇はたしかに存在した
### 神話と伝承を訪ねて
産経新聞取材班

（神武東征という）長旅があって初めて、天照大御神の孫のニニギノミコトを地上界での祖とする皇室は大和に至り、天皇と名乗って「天の下治らしめしき」ことができたのである。東征は、皇室制度のある現代日本を生んだ偉業、そう言っても過言ではない。（序章より）

定価〈本体810円＋税〉 ISBN978-4-7698-7008-1

## 国民の神話
### 日本人の源流を訪ねて
産経新聞社

乱暴者だったり、色恋に夢中になったりと、実に人間味豊かな神様たちが多く登場し、躍動します。感受性豊かな祖先が築き上げた素晴らしい日本を、もっともっと好きになる一冊です。日本人であることを楽しく、誇らしく思わせてくれるもの、それが神話です！

定価〈本体820円＋税〉 ISBN978-4-7698-7004-3

## 産経NF文庫の既刊本

### 孤高の国母 貞明皇后
知られざる「昭和天皇の母」

川瀬弘至

病に陥った大正天皇を支え、宮中の伝統を守ることに心を砕いた貞明皇后の数奇な運命を描く。宮内庁が所蔵していた多くの未公刊資料の開示を得て、明治、大正、昭和の三代にわたる激動の時代を生きた「孤高の国母」に新たな光を当てる大河ノンフィクション。

定価〈本体990円+税〉 ISBN978-4-7698-7029-6

### 立憲君主 昭和天皇 上・下

川瀬弘至

昭和天皇でなければ日本は救えなかった――あの戦争で、終戦の「聖断」はどのように下されたのか。青年期の欧州歴訪を経て、国民とともに歩む立憲君主たらんと志した昭和天皇87年の生涯を描く。

上・定価〈本体930円+税〉 ISBN978-4-7698-7024-1

下・定価〈本体920円+税〉 ISBN978-4-7698-7025-8

## 産経NF文庫の既刊本

### 台湾に水の奇跡を呼んだ男　鳥居信平　平野久美子

大正時代、台湾の荒地に立ち、緑の農地に変えることを誓って艱難辛苦の工事をやり通した鳥居信平——彼の偉業は一〇〇年の時を超えて日台をつなぐ絆となった。元台湾総統の李登輝氏も賛辞を贈った日本人水利技術者の半生を描く。

定価〈本体810円＋税〉　ISBN978-4-7698-7021-0

### 全体主義と闘った男　河合栄治郎　湯浅 博

自由の気概をもって生き、右にも左にも怯まなかった日本人がいた！河合は戦前、マルクス主義の痛烈な批判者であり、軍部が台頭すると、ファシズムを果敢に批判。河合人脈は戦後、論壇を牛耳る進歩的文化人と対峙する。安倍首相がSNSで紹介、購入した一冊！。

定価〈本体860円＋税〉　ISBN978-4-7698-7010-4

産経NF文庫の既刊本

## 皇位継承でたどる天皇陵

渡部裕明

御陵の変遷には時代の習俗や宗教が深く関わり、皇位継承のあり方もいくつかの事件を契機として大きく変化している。皇位は現代まで、どのようにつながってきたのか、歴代天皇の主な事績は何か、天皇陵の現状はどうなっているのか……。

定価〈本体800円+税〉 ISBN978-4-7698-7030-2

## 来日外国人が驚いた 日本絶賛語録

ザビエルからライシャワーまで

村岡正明

日本人は昔から素晴らしかった！ザビエル、クラーク博士、ライシャワーら、そうそうたる顔ぶれが登場。彼らが来日して驚いたという日本の職人技、自然美、治安の良さ、和風の暮らしなど、文献を基に紹介。日本人の心を誇りと自信で満たす一〇二の歴史証言集。

定価〈本体760円+税〉 ISBN978-4-7698-7013-5

## 産経NF文庫の既刊本

### 「令和」を生きる人に知ってほしい　日本の「戦後」　皿木喜久

なぜ平成の子供たちに知らせなかったのか……GHQの占領政策、東京裁判、日米安保——これまで戦勝国による歴史観の押しつけから目をそむけてこなかったか。「敗戦国」のくびきから真に解き放たれるために「戦後」を清算、歴史的事実に真正面から向き合う。

定価〈本体790円＋税〉 ISBN978-4-7698-7012-8

### 子供たちに伝えたい　日本の戦争　1894〜1945年　あのとき　なぜ戦ったのか　皿木喜久

あなたは知っていますか？子や孫に教えられますか？日本が戦った本当の理由を。日清、日露、米英との戦い…日本は自国を守るために必死に戦った。自国を貶める史観を離れ、「日本の戦争」を真摯に、公平に見ることが大切です。本書はその一助になる〝教科書〟です。

定価〈本体810円＋税〉 ISBN978-4-7698-7011-1